KB041979

티베트 천장,
하늘로 가는 길

▶▶ **일러두기**

1. 맞춤법과 외래어 표기는 1989년 3월 1일부터 시행된 〈한글 맞춤법 규정〉과 《문교부 편수 자료》, 《표준국어대사전》(국립국어연구원, 1999)을 따랐다.

2. 티베트의 인명과 지명에 대한 표기는 티베트 현지 발음을 중시하되, 다음 책들을 참고했다. 國家測繪局地名研究編, 《西藏地名》(中國藏學出版社 : 北京, 1995) ; 陳冰齡 主編, 《民族詞典》(上海辭書出版社 : 上海, 1987) ; 賀文宣, 《藏漢對照常用合稱詞詞典》(靑海民族出版社 : 西宁, 1987) ; 漢藏對照詞典協作編纂, 《漢藏對照詞典》(民族出版社 : 北京, 1991) ; 李双劍 主編, 《藏族傳統民族詞典》(甘肅人民民族出版社 : 蘭州, 1993).

3. 본문의 사진 일부는 외환은행과 더파로스트래블이 제공했고, 이에 대해 따로 표시하지 않았다.

티베트 천장,
하늘로 가는 길

심혁주 지음

책세상

티베트 천장, 하늘로 가는 길 | 차례

들어가는 말

1. 숨 막히는 해부극─밖에서 안을 보기

난생 처음 천장(天葬) 의식을 보기로 한 날, 나는 퉁퉁 부은 얼굴로 겨우 몸을 일으켰다. 해발 5,100미터 상공에 매달린 사원에서 제대로 숨을 쉴 수도 잠을 잘 수도 없었기 때문이다.

오전 7시 30분. 왠지 모를 긴장감에 아침 식사도 거른 채 선하게 생긴 젊은 라마승을 따라나섰다. 오 분쯤 걸었을까? 까마귀 떼가 보였다. 이런 오지에 까마귀 떼라니. 호기심을 참지 못하고 안내하는 라마승에게 물어보자 그는 미소 지으며 대답해주었다. 까마귀는 시체 냄새를 가장 먼저 감지하는 새라서 시체가 있는 곳이라면 까마귀도 있다고.

천장터 입구에 도착하자 갑자기 가슴이 벌렁거리기 시작했다. 문을 지키는 눈빛이 날카로운 라마승이 말없이 나를 저지했다. 그러나 예의 나를 인도하던 라마승이 나서자 가볍게 통과. 드디어 현장에 발을 들여놓았다. 시체 세 구가 보였다. 한 구는 벌써 처리했는지 바닥에 피가 흥건했고 피비린내가 진동했다. 처음 접하는 인육 냄새에 오감과 내장이 모두 뒤집어지는 것 같았다.

돕덴(東丹, Dromden)이라고 불리는 메인 해부사, 즉 천장사(天葬師)가 한 손에는 날카로운 긴 갈고리를, 다른 손에는 장도(長刀)를 들고 서 있었다. 그가 시체를 싸놓은 흰 포대기를 긴 갈고리로 풀어헤치자 시체가 튕겨져 나왔다. 천장사는 갈고리로 시체의 옷을 능숙하게 벗기고는 본격적으로 해부 의식을 시작했다.

먼저 긴 칼로 시체의 왼쪽 발뒤꿈치를 턱 하고 쳤다. 그러고는 발목, 정강이, 허벅다리, 팔, 어깨, 목, 머리의 순서로 사정없이 쳐댔다. 앞치마는 피로 물들었다. 천장사는 시신을 크게 덩어리 내어 두 명의 보조 천장사에게 던졌다. 보조천장사 중 한 명은 묵직한 해머를, 다른 한 명은 날카로운 칼과 주걱 비슷한 도구를 가지고 있었다. 그들은 덩어리로 잘린 육신을 해머로 잘게 부수는가 하면 날카로운 칼로 꾸불꾸불한 장기를 도려내기도 했다. 대화도, 표정도 없었다. 라마승 안내자에 의하면 이 작업은 우리가 생각하는 것보다 훨씬 힘든 육체노동이란다. 그래서인지 세 사람은 번갈아가며 피로 물든 앞치마를 펄럭이면서 그들의 전통 음료인 수유차를 마시기 위해 왔다갔다 했다.

해부극이 '신명나게' 펼쳐지고 있을 때 오른편 한귀퉁이에서 웅얼거리며 주문을 읽는 라마승이 눈에 띄었다. 시체와 분리된 망자의 영혼이 가족들이 원하는 곳으로 올바르게 이동할 수 있게 주문을 외는 주술사였다.

삼십 분을 경과하면서 인육 냄새는 더욱 진동했고, 천장터 주변에서 천장 의식을 바라보던 여성 한 명이 구토하기 시작했다. 나 또한 마찬가지였다. 땀과 피로 뒤범벅된 천장사들은 그저 시뻘겋게만 보였다.

오전 내내 계속되던 해부극이 마무리 단계에 들어가면서 천장사들은 잘게 부순 육신을 티베트인들의 주식인 보리떡 참파와 잘 버무려 먹기 좋게 여기저기 흩어 놓았다. 이제 신의 사자라는 독수리들의 순서다. 그런데 독수리들은 대체 어디에 있을까?

　이전까지 나는 인육의 밥상을 다 차려놓고 천장사가 신호를 보내면 독수리 떼가 어디에서인가 날아들 거라고 생각하고 있었다. 그런데 그게 아니었다. 라마승의 손가락을 따라 천장터 오른쪽 산등성이로 고개를 돌리는 순간 커다란 날개를 펼친 독수리 떼가 시야에 들어왔다. 라마승의 말로는 어림잡아 200마리 정도라고 한다. 몸집도 어마어마한데, 자세히 보니 작은 송아지만 한 것도 있었다. 인육 냄새를 맡았는지 하늘을 빙빙 돌다 착륙하는 독수리의 날갯짓을 보노라면 대형 행글라이더가 연상되었다. 그 광경에 넋이 나가 있을 무렵, 독수리 한 마리가 참지 못하고 해부 현장으로 성큼성큼 다가가고 있었다. 대장 독수리란다. 천장사가 그 독수리를 발견하고는 소리를 질렀다. 독수리가 진입하지 못하도록 막으라는 신호였다. 상황의 긴박감을 감지하자 망자의 가족들도 옷가지와 나뭇가지를 휘휘 저으며 독수리 떼의 진입을 필사적으로 막았다. 가족들의 필사적인 저지는 한 시간가량 계속되었다. 해부 의식이 끝나지 않은 상태에서 독수리가 인육에 입을 댄다면 망자의 영혼은 올바로 전송되지 못할뿐더러 가족에게도 불길한 일들이 생긴다고 티베트인들은 굳게 믿고 있다.

　드디어 천장사가 해부 의식이 끝났으며 독수리가 인육을 먹어도 된다는 신호를 보냈다. 독수리들이 기다렸다는 듯 달려들었다. 이방인들은 그 모습을 바라보고 혼란스러워했지만 티베트인들, 특히 망자의 가족들은 무표정하게 바라볼 뿐이었다. 그들은 그저 독수리들이 깨끗하게 먹어주길 바라면서 좀처럼 자리를 뜨지 않았다.

　오전 내내 끔찍한 해부극을 감상(?)했다. 어지러운 머리를 식히고자 숙소로 돌아왔으나 좀처럼 진정되지 않았다. 수유차를 한 잔 마시고 밖으로 나갔다. 하늘에 독수리 떼가 새까맣게 날아다니고 있었다. 나중에 알았지만 식사 후의 운동이라고 한다. 큰 몸집의 독수리들이 쏴 쏴 소리를 내며 날아다니는 모습이 꼭 소형 비행기 같았다. 그런데 아무리 보아도 살이 너무 쪘다. 무(無)로 돌아간 육신과 너무 뚱뚱한 독수리들. 이렇게 나는 천장을 목격했다.

티베트 민족은 고대부터 죽음에 대해 매우 독특한 사유 체계를 형성해왔다. 그들은 '영혼불멸(靈魂不滅)'이라는 화두로 인간의 육신과 영혼의 관계를 탐색해왔다. 그 일환으로 인간의 호흡이 멈추면[止息] 일정한 시간 내에 주술사가 시체에서 영혼[魂]을 온전히 분리해서 살아 움직이는 다른 생명체에 올바로 '전송'해야 한다는 믿음이 있었다.

티베트 민족의 '천장'이라는 장례 문화는 이러한 영혼 의식을 가장 잘 보여주는 전통적인 행위 의식이다. 천장을 통해, 껍질에 불과한 인간의 육신은 칼로 다듬고 정성스럽게 해부하여 천국의 사자인 독수리에게 아낌없이 보시하고, 인간의 영혼은 주술가에게 일임하여 그들의 전통 방식에 따라 다른 생명체로 전송한다. 일면 해괴해 보이기도 하는 이러한 의식이 천 년여의 시간을 넘어 오늘날 티베트에서 여전히 진행되고 있다는 사실은 매우 놀라운 일이다.

천장은 티베트 민족의 역사와 자연환경 속에서 자연스럽게 형성된 전통이자 삶의 방편이다. 평균 해발 4,000미터가 넘는 티베트 고원의 척박한 생존환경과 죽음에 대한 티베트인들의 독특한 사유 체계가 천장을 만들어낸 것이다. 즉 천장은 대자연에 응합하는 티베트인들의 삶의 방식 중의 하나다. 그렇기 때문에 천장에는 티베트 민족의 가치관과 내면세계가 고스란히 담겨 있다.

언젠가는 죽음을 맞이해야 한다는, 피할 수 없는 인간의 운명을 자각한다면 삶과 죽음에 대한 티베트인들의 가치관에 우리는 주목할 필요가 있다. 현세의 행복만을 추구하며 언젠가 다가올 죽음에 공포를 느끼는 우리에게 "죽음은 그저 옷을 갈아입는 것에 불과하다"는 티베트인들의 생사관은 시사하는 바가 크다.

현세에서 잘 먹고 잘 사는 것도 중요하지만 죽음에 임하는 방법과 죽음 이후의 세계에 더욱 가치를 두며 살아가는 티베트인들의 가치관과 전통 의식을 통해 다시 한번 삶과 죽음의 의미를 돌아보는 건 어떨까? 삶과 죽음의 문제는 특정한 민족과 집단에게만 부여된 것이 아니고 우리 모두에게 부여된 여행길이다. 나와 타인, 자민족과 이민족이라는 습관적인 이분법은 우리의 삶을 차갑고 소극적으로 만든다. 티베트인들의 경건한 천장 의식을 보며 우리는 죽음에 대한 두려움과 삶에 대한 집착을 다시 한번 되돌아볼 수 있는 시간을 가질 수 있을 것이다.

2. 무너져가는 라마 왕국──안에서 밖을 보기

티베트의 수도 라싸에서 어느 노인과 했던 인터뷰가 가슴에 남는다. 나는 "티베트가 현재처럼 중국의 일부로 남는 것과 과거처럼 주권이 독립된 라마 왕국이 되는 것 중 어느 게 좋은가?", "달라이 라마를 여전히 숭배하는가?"라는 질문을 했다. 그는 처음에는 주위를 살피며 마음속의 말을 하면 나중에 어떻게 될지 몰라 말하지 않겠다고 조심스러워했다. '주권'이나 '독립'이라는 단어는 금기어이고 현 상태에 대한 부정은 있을 수 없는 일인 것이다. 실지로 티베트어에는 이런 단어가 없다. 과거 그들만의 라마 왕국 시절에는 이런 단어가 필요치 않았기 때문이었다. "독립은 원하지 않지만, 달라이 라마는 언젠가 라싸의 포탈라궁으로 돌아올 것으로 믿는다." "중국 정부가 현 상태를 유지하며 티베트를 포용해주길 바란다."

이 말을 남긴 그는 가명을 써줄 것을 부탁하고 사진을 찍는 것은 끝까지 거부했다.

티베트는 과거 라마 왕국으로서 장구한 세월 동안 주권을 누리다 1951년 중국 인민해방군이 티베트를 점령하면서 중국 영토에 편입되었다. 인민해방군의 무력 점령 후 1959년과 1987년에 독립을 위한 대규모 시위가 일어났다. 1959년 3월 봉기 때는 수만 명이 직간접적으로 학살된 것으로 전해진다. 1987년은 티베트가 독립할 수 있는 가능성이 제법 높아 보이던 시기였다. 1987년 6월 미국 의회는 처음으로 티베트 인권문제를 제기한 뒤 같은 해 9월 달라이 라마를 초청했다. 당시 미국 의회와 달라이 라마는 한목소리로 티베트에 주둔한 중국 군대의 철수와 한족 이민정책의 중지를 요구했다. 이에 고무된 티베트인들은 10월에 대규모 시위를 벌였다. 하지만 시위는 유혈사태로 끝났고 이후 13개월 동안 계엄령이 유지되었다. 현 중국 공산당 주석인 후진타오(胡錦濤)가 당시 티베트 공산당의 서기였고 무참한 유혈사태의 지휘자였다. 이후 1993년 라싸에서의 폭동 등 크고 작은 시위는 끊임없이 일어났다. 티베트인들의 이러한 반(反)중국 정서와 집단행동에도 불구하고 중국 정부는 일관되게 "티베트는 중국의 일부다"라는 입장을 견지해왔다. 오히려 티베트가 중국의 일부라는 것을 확인시키듯 티베트 전역에는 날이 갈수록 게양된 오성홍기가 많아진다. 또한 티베트 박물관과 불교사원 등 어디를 가도 중국과의 오랜 군신 관계와 역사 교류를 강조하는 안내문을 쉽게 찾아볼 수 있다.

한편, 인도에 망명정부를 꾸리고 반세기 동안 독립운동을 펼치던 달라이 라마는 현실적인 힘의 한계를 절감하고 중국 정부에 '고도(高度)의 자치(自治)'를 요구하는 수준으로 방침을 바꾸었다. 달라이 라마는 최근의 한 강연에서 "중국의 막강한 경제력을 감안할 때 문화적 자치만 보장된다면 독립하는 것보다 중국의 일부로 남아 있는 것이 티베트에 도움이 된다고 생각한다"고 말하기도 했다. 이 것은 중국이 티베트의 행정권만 인정하면 티베트는 독립국가로서의 외교권과 국방권을 포기하겠다는 것이다. 이는 2000년대 들어 중국의 국력이 날로 커지 고 서방국가의 지원도 줄어들면서 티베트의 완전 독립은 불가능하게 되었음을 달라이 라마도 인정하고 있음을 말해준다. 그러나 중국 정부는 이를 외면한 채 '한화(漢化)' 정책을 오히려 강화하고 있다. 그런 점에서 2007년 7월 11일에 개 통된 칭짱(靑藏)철도는 티베트 한화 정책의 정점이라 할 수 있다. 칭짱철도의 개 통으로 티베트의 전 방위적인 한족화 속도는 더욱 가속화될 전망이기 때문이다. 오늘날 이러한 티베트의 현실은 일흔이 넘은 달라이 라마를 더욱 힘들게 한다.

티베트를 다루는 중국 정부의 태도와 정책은 '당근과 채찍'으로 요약된다. 대 표적인 당근 정책은 막대한 경제적 지원이다. 1989년의 대규모 독립 시위 이후 중국 정부는 117개의 티베트 개발 프로젝트를 수립해서 1994년부터 2004년까 지 11년간 800억 위안을 지원했다. 당시 티베트 사회에서는 "돈이 필요하면 시 위를 하면 된다"는 유행어가 돌 정도였다. 1989년부터는 해외로 망명한 티베트 인들의 귀국 사업도 추진 중이다. 과거의 독립운동 참가 여부와 상관없이 귀국 만 하면 정착금과 직업이 우선 제공된다.

반면 독립시위에 대해서는 매우 강경한 입장이다. 집회와 시위의 자유가 없는 것은 물론이고 인도에서 독립운동을 벌이고 있는 달라이 라마를 숭배한다는 말 만 해도 감시가 뒤따른다. 중국 정부는 티베트를 확고하게 장악하기 위해 동화(同 化) 정책을 추진해왔다. 칭짱철도 개통 역시 티베트에 한족을 많이 들여보내 티 베트인 비율을 낮추고, 나아가 교류를 활성화함으로써 티베트 민족을 한족에 동 화시키려는 중국 측의 장기적 포석이 깔려 있다.

이러한 상황을 지켜보던 달라이 라마는 최근 의미심장한 인터뷰를 가졌다. 2007년 11월 일본을 방문한 달라이 라마는 일본 산케이(産經)신문과의 인터뷰에서 "환생 개념에 얽매이지 않고 살아 있는 동안 후계자를 선출할 수 있다"고 밝힌 것이다. 티베트 사회의 전통인 달라이 라마 제도는 활불이 승하하면 세속에서 환생한 어린이를 차기 달라이 라마로 선택하는 것이다. 1300년대부터 14대째인 지금의 달라이 라마까지 이런 방식을 고수해왔다. 달라이 라마가 전통을 거스르면서까지 자신이 살아있는 동안 후계자를 선출하려는 데는 그만한 이유가 있다. 그것은 자신의 승하 이후 중국 정부가 후계자의 문제를 좌지우지해서 티베트인의 영혼까지 흔들 것이라는 염려 때문이고, 좀 더 근원적인 이유는 자신이 임명한 활불만이 올바른 정신적 권위의 전달이라는 믿음 때문이다.

이에 대해 중국 외교부 류젠차오(劉建超) 대변인은 "이런 발언은 환생자를 달라이 라마 사후에 찾는 티베트 불교 전통을 훼손하는 것"이라고 반박했다. 이는 차기 달라이 라마의 임명에 대한 영향력을 먼저 확보하려는 의도에서 분출한 신경전이었다. 또한 달라이 라마라는 활불의 전승 문제가 이미 주권이 사라진 티베트의 미래에 있어서 매우 중요한 문제임을 시사해주는 것이기도 하다. 중국은 새로운 15대 달라이 라마만 자신들의 의도대로 결정된다면 티베트 문제는 이제 외부적으로나 내부적으로나 원만히 해결될 것이라고 전망하고 있다. 중국 정부는 2007년 9월 "중국 정부의 허가가 없는 티베트 불교 지도부 선임은 모두 불법"이라는 내용의 시행령을 공표했다. 달라이 라마의 후계자로 허수아비 활불을 임명하겠다는 의지를 천명한 것이다. 반면 달라이 라마는 그동안의 모든 방법이 효과를 발휘하지 못한 상황에서 15대 활불마저 중국 정부의 의도대로 된다면 라마 왕국은 정말 사라질 것이라는 절박함에서 마지막 대안을 내놓은 것이다. 이미 1995년에 달라이 라마는 티베트의 2인자인 판첸 라마를 임명했으나, 그해 11월 중국 정부는 이것을 인정하지 않고 새로운 판첸 라마를 임명한 바 있다.

달라이 라마도 머지않아 자신이 승하한다는 것을 알고 있다. 그는 20년 전부터 후계자 문제에 대해 고민해왔다. 그는 주변의 참모진들이 차기 달라이 라마를 민주적으로 선출하거나 자신이 직접 후계자를 지명하는 방법 등을 검토하고 있다고 종종 말해왔다. 그는 이전에도 "차기 달라이 라마는 중국 밖에서 환생할 수 있다"는 입장을 밝혀왔다. 달라이 라마의 고민이 어디에 집중되는지 알 수 있는 대목이다.

오늘날 티베트가 직면하고 있는 현실은 분명하다. 독립은 불가능하고 자치 또한 어려운 실정이다. 중국 정부의 주도하에 한족과의 정치·경제·문화적 합병이 진행되고 있으며 라마 왕국의 전통은 사라져가고 있다. 남은 일은 티베트의 전통과 문화적 자치라도 확보하는 일이다. 베이징 올림픽이 열리는 2008년은 달라이 라마가 중국 지도부와 협상할 마지막 호기인지도 모른다.

나는 오랫동안 티베트인들의 장례 방식을 관찰하고 그 궤적을 추적해왔다.

유학 시절 티베트의 권위자들과 라마승들을 만나면서 티베트에 대해 공부했고, 박사 학위 또한 천장 의식과 장극(藏劇, 티베트 전통 연극)으로 받았다. 이를 위해 나는 티베트 고원의 즐궁(直貢, Zhigung) 사원에서 장기간 머무르며 천장 의식을 참관하고 라마승들을 인터뷰했다.[1] 이 책은 티베트 민족의 장례 문화에 대한 유학 시절의 연구와 장기간 티베트를 현장 답사한 결과물이다. 천장 의식의 기원과 절차뿐만 아니라 티베트 문화가 가지는 상징성과 원시성, 그리고 중국 정부의 티베트 현대화 작업으로 인한 변화와 그 문제점까지 모두 책에 담았다.

제1장

티베트 영혼 공동체의 상징─천장

문명은 어디서 탄생하고 어떻게 성장하는가. 대체로 문명은 자연환경이 좋은 곳
에서 탄생한다. 황허강을 비롯해 강을 중심으로 한 세계 4대 문명에서 볼 수 있듯
고대 문명은 기후가 온화하고 땅이 기름진 곳에서 꽃을 피웠다. 그러나 영국의 문
명사가 토인비A. J. Toynbee는 상반된 견해를 내놓았다. '도전과 응전의 원리', 즉
문명은 오히려 가혹한 자연환경에 인간이 대응하고 적응하는 과정에서 탄생한다
는 것이다. 이 논리는 티베트에서 여실히 증명된다.

티베트 고원은 지형상 세계에서 가장 높은 곳이다

1. 척박한 환경에서 피어난 문화

극지라 불리는 티베트는 물질 만능 시대에 살고 있는 우리가 보기에는 그야 말로 문명의 혜택이라고는 일절 누려보지 못한 원시적인 지역이다. 인간 생존의 가장 기본 요소인 산소마저도 모자라는 몹시도 척박한 땅, 이곳에서 티베트인들은 자연과의 부단한 영적 교감으로 그들만의 문화, 이른바 '티베트 스타일의 전통 문화'를 창출하여 보존해왔다.

티베트는 흔히 '세계의 지붕'이라고 일컬어진다. 지형상 세계에서 가장 높은 곳인 것은 물론이고, 티베트에 자리한 히말라야 산맥은 마치 사람의 등줄기와도 같이 대지 위에 늠름하게 놓여 있기 때문이다.

티베트는 북으로는 중국의 신장과 칭하이호에 연접해 있고, 동으로는 중국의 쓰촨과 윈난으로 산맥을 이어간다. 서쪽과 남쪽으로는 인도의 카슈미르와 시킴, 네팔, 부탄, 캄보디아와 접하고 있다. 중국의 젖줄이나 다름없는 황허강과 양쯔강도 티베트 고원에서 발원한다. 이러한 지리적 조건을 문화와 연계해보면, 중국 황하 문명과 중앙아시아의 초원형 유목 문화와 서아시아 양대 하천의 반월형 옥토 문화 그리고 남아시아 아열대에서 잉태된 인도 문화와 이어지며,

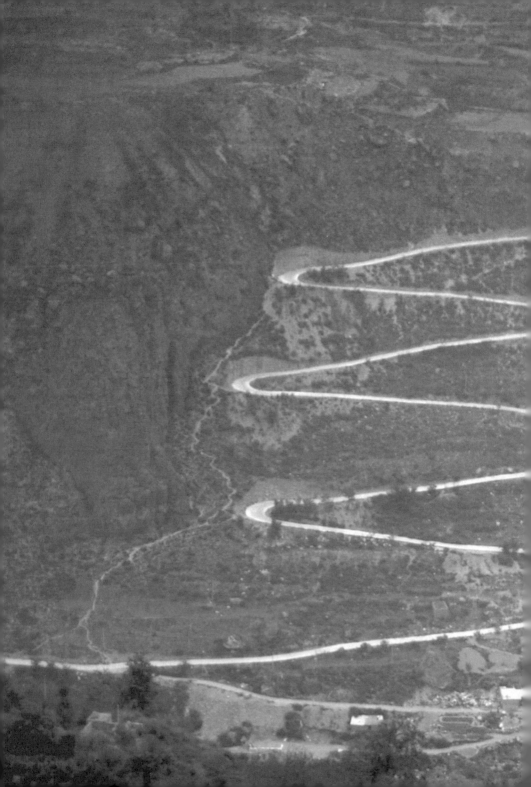

지형적 고립은 티베트가 문화적 원시성과 고유성을 지킬 수 있는 공간적 조건을 제공했다

이는 인류 문명의 기원으로 일컬어지는 고문명이 티베트 히말라야를 지붕 삼아 사방으로 펼쳐지고 있다는 것을 보여준다.

티베트가 가진 지리적 특징의 하나는 지형적인 고립이다. 세계의 지붕이라는 이름에 걸맞게 티베트는 과거부터 세계와 일정한 정도의 격절을 유지하고 있었다. 격절과 고립이라는 지형적 특징은 티베트가 문화적 고유성을 확보할 수 있는 공간적 조건을 제공했다. 공간상의 격절은 외부로부터의 영향을 극소화할 수 있고, 외부와의 교류를 위한 시간을 어느 정도 벌어줄 수 있다. 선택적인 문화 교류가 가능하고, 또 그것을 자체의 것으로 융화할 수 있는 충분한 시간을 선사하는 것이다. 이는 티베트의 지형적인 조건이 문화적인 부분에 긍정적으로 작용한 측면이기도 하다.

티베트의 지형은 티베트의 문화적 장점으로도 연계된다. 건조한 고원성 기후는 모든 것을 원형 그대로 보존할 수 있게 하는 장점을 자랑한다. 티베트 문화가 보이는 원형 보존성은 이러한 지리적 수혜를 받았을 것이다. 중앙아시아 초기 불교의 범문(산스크리트) 경전은 인도에서는 이미 자취를 감추었으나 티베트 불교 경전에는 아직 남아 있다. 더구나 산스크리트 패엽 경전[2]까지 다량으로 남아 있다. 인도와 중앙아시아의 고대를 휘황찬란하게 장식했던 예술은 이제 티베트에서 현재까지 그 생명력을 이어오고 있고 그 풍격과 내용을 찾을 수 있다. 이렇듯 티베트 문화가 보이는 강인한 전통성은 고원 기후가 선사하는 원형 보존성과 결코 무관하지 않다. 장구한 역사 동안 티베트는 주위의 선진 문명을 받아들였으며 이에 따라 티베트 문화는 시기별로 다양한 모습을 갖는다. 하지만 거시적 시각에서 보면 티베트는 자체 문화의 고유성을 잃지 않았으며, 변화된 문화 속에 오히려 문화 원형을 간직하고 있다.[3]

티베트의 다양한 자연환경. 티베트에는 파란 하늘과 푸른 초원과 황량한 사막이 공존한다

독일 태생의 티베트학 연구자 가운데 한 사람인 슈타인R. A. Stein 교수는 그의 저서 《티벳의 문화*Tibetan Civilization*》에서 티베트 환경의 특수성을 지적한다. 슈타인 교수에 의하면 티베트의 자연환경은 단편적으로 일반화할 수 없다. 광활한 티베트 전 지역을 답사하거나 여행한 자는 거의 없다. 설사 많은 지역을 경험했다고 해도 여행자의 안목으로 서술한 내용은 대부분 편협함을 벗어나지 못한다. 동부의 나무가 우거진 정글 지역(린즈)과 북부의 대초원 지역(나취)은 자연환경과 사람들의 생활양식, 문화에서 차이가 있다.[4]

우리는 여기서, 티베트인들이 천연의 외관 속에서 자연스럽게 고원 환경과 감응하고 그것에 단련된다는 것에 주목해야 한다. 그들은 본능적으로 환경에 적응하려고 치열하게 노력하면서 생존해왔다. 자연과의 감응과 생존 본능의 투쟁 속에서 그들의 생활 전반에 이른바 '티베트식 종교 문화'가 자생적으로 형성되었다. 이러한 환경 속에서 티베트인들은 자신들의 생존 공간에 대해 독특한 견해를 가지고 살아갈 수밖에 없었다. 그리하여 티베트인들은 자연과 인간은 서로 상응하는 '물아일체(物我一體)'이며 '천인합일(天人合一)'의 관계라는 순응의 관념에 강하게 지배되었다. 그들은 대자연을 하나의 생명체로 겸허히 받아들인다. 이러한 인식은 '대자연-사회-문화'가 궁극적으로 하나의 뿌리를 갖는다는 믿음을 기반으로 한다. 그들은 동물과 식물뿐만 아니라 미물에 이르기까지, 자연계의 모든 생물체는 인간과 마찬가지로 생명의 주체로서 존중받아야 한다고 생각한다. 따라서 자연과 인간은 공생하며 공존하는 하나의 생명 공동체다. 신화, 종교, 언어, 철학 등의 다양한 영역에서 나타나는 티베트식 영적 감흥의 문화는 이러한 사상에 기초를 두고 있다. 이는 앞에서 언급했듯이 티베트인을 둘러싼 냉혹한 자연환경 속에서 형성되었다고 볼 수 있다.

시신을 토막 내고 살점을 발라내는 천장 의식이 벌어지는 천장터

'천장'도 예외는 아니다. 매장이나 화장을 주로 하는 우리의 문화⁵⁾와는 다르게 기묘하기 짝이 없는 이 장례 의식은 티베트인들에게는 보편적인 자생 문화일 뿐이다. 그들 삶의 또 다른 방편인 천장 문화는 어떤 배경에서 정착되었고 그 안에 담긴 의미는 무엇일까.

2. 티베트 민족의 장례 문화

어느 국가, 어느 민족이건 자문화의 스펙트럼은 매우 다양하고 광범위하다. 티베트 민족 또한 예외는 아니다. 기본적으로 티베트 문화가 '불교문화'라는 데는 대다수의 학자들이 동의한다. 티베트 문화는 기물이나 기술 위주의 표층 문화가 아니고 의식 형태를 위주로 하는 고도의 심층 문화라 할 수 있다.

그렇다면 고도의 심층 문화란 무엇이며 어떻게 형성된 것일까? 그들의 심층 문화를 형성하고 있는 근원은 무엇일까? 오랫동안 외부와 격절된 환경의 절대적인 고립성에서 그 해답을 찾을 수 있다. 개방된 평지가 아닌 고원이라는 지역적인 고립성은 정신 영역의 특수성을 심화시킨다. 오랫동안 외부 세계와 소통이 단절된 삶 속에서 형성된 티베트인들의 정신 영역은 견고한 성벽과도 같다. 일반적으로 민족과 민족의 접촉은 동화 혹은 융합이라는 형태의 문화 전이를 낳는다. 그러나 티베트 문화는 그 형식과 내용에서 오랫동안 거의 변화가 없었다. 칭짱고원에 위치한 티베트의 환경적인 고립 때문이다. 환경적 고립으로 인한 티베트의 심층 문화는 바로 정신문화를 의미한다. 티베트인들은 육체보다는 정신의 영역, 예컨대 영혼의 연속성을 신뢰한다. 티베트의 심층 문화는 설명할 수 없는

쎄창곤빠(索倉寺, Sercang ghen-ba) 내부. 티베트 문화는 정신과 의식을 중요시한다

천(天)과 신(神), 그리고 영혼(靈魂)을 기반으로 형성됐다. 이 요소를 두루 갖추고 있는 고도의 정신문화 중의 하나가 바로 본교(苯敎)다.

　본교는 오늘날 티베트 불교의 모태로서, 원래는 고대 티베트인들의 무속 신앙이었다. 고대 티베트 사회에서 보이지 않는 존재인 천 혹은 신에 관한 설명과 확신은 본교의 특권이었다. 본교의 세부적인 교리와 추구하는 이념은 뒷부분에서 좀 더 자세히 다룰 것이다.

　티베트의 심층 문화 중 외부 세계, 심지어 중국의 한족마저 매우 주목하는 문화가 있는데 그것이 바로 티베트 민족의 장례 문화다. 티베트 민족의 장례 문화는 매우 다양하고 독특하며 종교와 매우 밀접한 관련을 맺고 있어, 티베트의 장례 의식을 종교 의식의 하나로 보는 시각도 있다. 그중 가장 대표적인 방식이 수장(水葬), 탑장(塔葬), 토장(土葬), 화장(火葬), 천장〔天葬, 조장(鳥葬)이라고도 함〕의 다섯 가지다. 이것들은 모두 티베트의 자연환경과 역사적 배경에서 비롯되었다.

(1) 화장

고대 티베트의 상례 방식은 자의적으로 결정할 수 있는 것이 아니라, 생전의 지위와 신분에 따라 엄격하게 구분되는 것이었다. 재산 정도, 불교 수행의 등급, 정치와 종교상의 업적, 사회적인 신분에 따라 장례의 규모와 내용이 달라졌다. 그중에서도 특히 화장은 고대부터 아무나 선택할 수 있는 장례 방식이 아니었다. 티베트에 불교가 들어온 이후 화장은 티베트인들이 가장 이상적이라고 꼽는 장법 중의 하나였지만, 목재 등의 연료가 부족해 가난한 민중은 엄두도 내지 못했다. 즉 귀족이나 고승(高僧) 등, 신분이 높고 경제력이 있는 사람들이나 할 수 있는 장법이었다.

티베트의 화장 의식은 나름의 순서가 있다. 우선 시체를 반듯하게 눕힌 뒤 망자의 친척 중에 최고 어른 두세 명이 시체를 깨끗이 닦는다. 어떤 지역에서는 몸을 닦을 때 머리털과 수염을 같이 제거하기도 한다. 그러고는 시체를 원형으로 묶고 흰 천으로 싼다. 일반적으로 흰 천을 사용하나 지역에 따라 붉은색이나 파란색을 사용하기도 한다. 시체의 머리에는 卐 자를, 왼쪽 가슴에는 여섯 개의 별과 아홉 마리의 물고기와 소머리, 양머리 등의 문양을 간단하게 그려 넣는다.

기본적인 작업이 끝나면 전문 라마승을 초빙하여 환생을 위한 주술 의식을 부탁한다.[6]

본격적으로 화장 의식을 진행하기 전에 망자의 가족은 신단(神壇)에 있는 배고픈 사자(死者)를 위해 간단한 음식을 준비한다. 일반적으로 출장(出葬) 전, 시체는 집에서 사흘간 보존한다. 그 사흘 동안 부녀자들을 제외하고 대다수의 마을 주민과 친척들은 매일 밤 번갈아가며 시체를 지켜야 한다. 방문객들은 각자의 형편에 따라 음식과 돈을 준비해온다.

사흘째 되는 날, 새벽 다섯 시경에 아침을 간소하게 먹고 납관(納棺)을 시행하는데, 이때 몇 가지 금기 사항이 있다. 화장에 쓰이는 관재(棺材)는 두꺼워서는 안 되며 간단하게 조립된 것이어야 한다. 또한 관목(棺木) 위에는 금속의 못을 박거나 색칠을 해서도 안 된다. 관 바닥에는 간단한 담요를 깔고 시체를 안치한 후 그 위에 아무것도 덮지 않는다. 시체의 머리와 양다리 밑에는 측백나무의 가지를 깔아놓고 관을 덮은 뒤 관 위에다 역시 측백나무 가지를 깐다. 다음 날 날이 밝으면 네 명의 도우미가 관을 메고 가족, 친지들과 함께 화장터로 향한다. 부녀자들은 화장터 입구까지만 배웅할 수 있으며 절대 화장터 안에는 들어갈 수 없다. 화장 의식을 진행하는 첫째 날은 매우 중요한데, 이날 밤 촌락의 지인 중 반드시 한 사람은 망자의 집에 와서 조용히 애도하며 술과 차를 마셔야 한다. 절대 떠들어서는 안 되며 얼굴 표정도 엄숙해야 한다.

(2) 토장

티베트에서 토장이 가장 성행했던 시기는 언제일까? 티베트의 역사를 거슬러 올라가보면 토번(吐蕃) 시기[7]로 확인된다.

634년 11월, 토번 왕조의 창시자 송첸캄포(松贊幹布, Songtsen Gampo)는 처음으로 조공과 함께 사신을 당나라에 보냈다. 당태종 이세민은 크게 기뻐하며 화답으로 사신 풍덕하(馮德遐)을 토번에 보냈다. 638년 송첸캄포는 외교 관계의 일환으로 당나라에 청혼했지만 토번의 정세와 세력을 미처 파악하지 못한 당태종은 이를 거절했다. 토번은 우선 당에게 세력을 과시하기 위해 토곡혼(吐谷渾)을 공격했다. 토곡혼은 대패하여 칭하이성 북부까지 도망갔다. 송첸캄포는 내친 김에 강족(羌族)의 거주지를 점령한 후, 638년에는 20만 병력을 동원하여 쓰촨성 송주(松州) 일대까지 공격했다. 송첸캄포는 전쟁을 일단락짓고 장안에 사신을 보내 전쟁에 대한 사과의 뜻을 전하며 다시 한번 청혼했다. 토번과의 정략결혼을 통한 화친정책이 필요함을 느낀 당태종은 문성 공주를 티베트로 보냈다.[8]

한족의 공주와 변방의 통치자와의 혼인은 티베트에 중원의 문화, 특히 한족의 불교를 처음으로 소개하는 계기가 되었을 것이다. 문성 공주는 독실한 불교 신자였고 티베트로 들어갈 때 불교 서적과 불상을 많이 가지고 갔던 것으로 전해진다.[9]

송첸캄포도 정치적으로 불교의 교의가 티베트의 토속 신앙인 본교보다 통치에 훨씬 더 적합하다고 여겼다. 그는 왕권신수(王權神授) 사상을 빌려 왕권을 공고히 하고 법왕(法王)의 절대적 권위를 수립했다. 이어 그는 불법(佛法)을 제창하고 신봉한 문성 공주의 주장을 강력하게 옹호하면서 400여 개에 이르는 불교 사원을 건축하는 데 심혈을 기울였다. 이때부터 티베트 불교가 번성하게 되었다.

티베트에 세워진 최초의 불교 사원인 라싸의 다자오쓰(大昭寺, 일명 조캉 사원)는 바로 문성 공주에 대한 배려로 건축된 것이다.[10] 이곳에는 지금도 공주가 가지고 온 석가모니 불상이 모셔져 있다. 사원 입구에도 공주가 직접 심은 것이

티베트 공가 공항에서 라싸로 가는 길목의 절벽
에 새겨진 불상

라고 전해지는 버드나무가 몇 그루 있는데 사람들은 그것을 '당류(唐柳)' 또는
'공주류(公主柳)' 라 부른다.

　이렇듯 역사적으로 한족 왕실과 교류가 있었던 토번 왕조 시대에는 매장, 즉
토장이 매우 보편적으로 이루어졌다. 티베트 동부 진사강 유역, 칭하이 지역, 그
리고 랑셴, 린저우, 린즈, 모주공카현, 아리 등지가 고대 티베트 토장 지역의 대표
적 분포지이다. 특히나 티베트의 젓줄인 얄룽짱보(雅魯藏布, Yarlung Zangbo)
강 중류 지역, 일명 티베트 문명의 발상지인 '얄룽 계곡' 일대는 대표적인 토장
밀집 분포지이다. 이곳은 최초의 왕궁터 융부라캉Yumbulagang과 고대 왕릉이
산재한 신화와 전설의 도시로 오늘날 쩨탕(澤當, Zetang) 지역으로 불리는 곳이
다. 이 지역에는 티베트 역사상 최고의 성군으로 불리는 송첸캄포 왕의 왕릉이

있는 곳이기도 하다.[11]

　설역고원을 평정한 송첸캄포는 조선 시대 세종대왕에 비길 만한 성군이다. 세종대왕이 훈민정음을 창제한 것과 마찬가지로 송첸캄포도 티베트 역사상 최초로 티베트 문자를 탄생시켰다. 민족의 단합과 통일 왕조를 공고히 하기 위해서였다. 그러나 대개 영명한 군주는 요절하듯이 송첸캄포도 불과 서른네 살의 나이로 요절하고 만다. 송첸캄포가 죽자 당나라와 네팔 그리고 서역의 많은 나라에서 조문객을 보냈을 정도로 당시 토번의 국력은 대단했다. 그것을 증명하듯 송첸캄포의 능묘는 거대하게 축조되었다. 정방형 내부에 다섯 개의 묘실이 있는데, 내문은 서남방으로 하여 가운데 방에는 보석과 황금으로 치장된 왕의 관을 모셨고 그 머리 윗쪽에는 불상을, 머리 부분에는 산호로 만든 8부 크기의 광명신(光明神)을 모셨다고 전한다. 방의 좌우에는 평소 입고 다니던 갑옷, 황금으로 만든 말과 기사를 부장했다. 그 밖에 네 개의 방에도 당, 네팔, 페르시아, 천축 서역에서 보내온 진귀한 보석, 비단, 공예품, 도자기 등을 넣었고 백여 마리의 말도 순장했다. 장례는 3개월간 계속되었는데 그 기간 동안 모든 백성들이 머리털을 짧게 자르고, 얼굴에는 검은 회칠을 하고, 검은 옷을 입고 왕을 애도했다고 전한다.[12]

　당시 토번 왕실은 왕실의 권위와 법통의 안정성을 확보하기 위해서 왕의 사후에 거대한 왕릉을 건설했고, 생전에 좋아했던 동물과 법구, 서적들을 함께 묻기도 했다. 그러나 왕실과 달리 풀과 물을 찾아 유목 생활을 하는 대다수의 티베트 평민들에게 토장은 사실상 불가능했다.

　토장 풍속은 토번 왕조의 마지막 왕 랑다르마(郎達瑪, Lang Darma)가 독살된 이후 토번 왕조의 멸망과 함께 급속도로 사라지고 만다. 왕이 피살된 후 정국이

티베트의 유목 생활. 목초지를 찾아 이동하는 생활양식 때문에 토장이 성행하지 못했다

혼란한 틈을 타 노예들이 봉기했는데, 그들이 수많은 금은보화가 숨겨져 있는 왕
실의 무덤을 마구 파헤쳤던 것이다. 성스러운 왕릉이 보기 흉하게 발가벗겨지면
서 민중의 토장에 대한 인식은 급속도로 차가워졌다. 이후 티베트에서 토장은 역
사 속으로 사라져갔다.

　토번 왕조가 멸망한 이후 지금까지 티베트에서 토장이 다시 유행한 흔적은 찾
아볼 수 없다. 오히려 티베트 민중은 토장을 가장 형편없는 장법으로 인식한다.
광활한 티베트 땅에서 외진 산기슭에 일정한 장례 절차 없이 시체를 묻어버리는
것은 아주 간단한 매장법이다. 임질, 천연두 등 전염병에 걸려 사망한 이들이나

살인범 등이 이렇게 매장되었다. 게다가 이렇게 매장되면 사후에 다시 태어나지 못한다는 인식이 퍼지면서 토장은 티베트에서 가장 불명예스러운 장례 의식이 되었다. 물론 오늘날에도 여전히 토장이 실행되는 지역이 있기는 하다. 쓰촨의 간쯔 티베트 자치구와 아바 티베트 자치구의 농촌 지역인데, 이들 지역에서의 토장법과 토장에 대한 인식은 일반 티베트인들과 다르다. 동일한 민족이라도 자연환경과 주변과의 문화 교류에 따라 다른 방식으로 토장이 진행되고 있는 것이다.[13]

(3) 탑장

탑장이 티베트에 최초로 나타난 것은 9~11세기로 사이로 전해진다. 탑장을 달리 표현하면 두 번의 장례 의식[이차장(二次葬)]이라고도 할 수 있다. 또는 라마탑(喇嘛塔)이라고도 불린다.[14]

탑장은 화장의 연장선상에 있다. 말 그대로 먼저 화장을 하고 나서 남은 부분을 또다시 처리하는 장법이다. 우선 화장을 하고 난 후에 깔끔하게 처리가 안 된 시체의 뼈를 다시 태운다. 이때 사리가 발견되면 그 영험한 정도에 따라 황금이나 은으로 영탑을 제작한다. 그런 다음 사리나 뼛가루를 영탑 속에 보관하는 것이다.

탑장의 절차는 다음과 같다. 먼저 시신을 소금물로 깨끗이 씻은 다음 티베트 고원의 건조한 기후로 말린다. 그리고 아주 귀한 향료를 시신의 몸에 칠한 다음 영탑 안에 모신다. 혹은 화장한 후에 남은 뼈를 탑 안에 모시기도 한다. 영탑장(靈塔葬)이라고도 하며, 극소수의 사람에게만 베풀어지는 장례로서 달라이 라마와 판첸 라마[15]가 그 대표적인 대상이다.

최고의 정신적 지도자인 달라이 라마나 판첸 라마, 그리고 고승이나 성자의 경우에는 방부 처리하여 보존한다. 처리 방법은 고대 이집트에서 미라를 만들던 과정과 비슷하다. 우선 소금 상자 안에 시신을 안치한다. 소금으로 시신의 습기를 제거한 후 백단향 등의 향료와 약품을 섞어 넣은 시멘트 같은 진흙을 덮어씌운다. 이것이 시신에 달라붙어 굳으면 눈이나 뺨 혹은 위(胃)처럼 움푹 들어가거나 줄어들었던 신체의 모든 부분이 원래의 크기대로 다시 채워져서 이집트의 것과 아주 닮은 미라가 만들어지는 것이다. 완전히 마르게 되면 황금 물감으로 개금해서 티베트의 이름 있는 사원에 불상처럼 모셔둔다.

앞에서도 언급했듯이 티베트인들에게 탑장은 매우 고귀하고 존엄한 장법으로 활불로 추앙받는 선택받은 라마승만이 가능하다. 지금도 라싸의 포탈라궁[16]에는 금은보화로 화려하게 장식된 역대 달라이 라마의 영탑이 모셔져 있다. 위대한 라마의 주검에 금칠을 하는 것은, 황금은 색이 변하는 법이 없을 뿐 아니라 항상 순수하다는 이유로 티베트에서 거룩한 색으로 간주되기 때문이다. 황금색은 달라이 라마를 상징하는 색이기도 하다.

(4) 수장

수장은 티베트에서 제일 가난한 사람들의 장례 방법으로 인식되고 있다. 고아, 과부, 거지 등 신분이 낮은 사람의 시체를 강가나 하천가로 옮겨 사지를 절단한 후 흐르는 물에 던져버리는 장법이다. 어떤 지역에서는 시체를 분해하지 않고, 하얀 천으로 감싸 그냥 던져버리기도 한다.

가난한 사람이 죽으면 수장을 하는 이유는 생전에 가난해서 사원에 보시를 하지 못했기 때문에 사후에라도 물고기 밥이 되어 보시하기 위함이다. 그래서인지 티베트인들은 물에서 잡은 고기를 먹지 않는다. 수장은 오늘날 티베트에서 거의 사라졌으나 쓰촨성의 간쯔 티베트 자치구에서 극소수가 실행하고 있는 것으로 알려져 있다.

(5) 천장

천장은 티베트인들에게 현재까지 인기 있는 장법이다. 여기서 인구의 대다수가 불교도인 티베트인들이 왜 불교의 장법인 화장이 아닌 천장을 선호하는가, 또한 천장을 선호하면서도 왜 천장이 아닌 탑장을 최고의 장법으로 여기는가 하는 의문을 가져볼 수 있다. 이러한 의문은 천장의 형성과 정착 배경을 추적해봄으로써 이해할 수 있다.

천장의 형성과 정착 배경에는 두 개의 큰 기둥이 자리한다. 첫째는 앞서 설명한 설산 고원이라는 지리적 환경이고, 둘째는 종교적인 배경이다.[17] 평균 해발 4,000미터 이상의 설역고원은 극한의 자연환경 때문에 식물이 제대로 성장하지 못한다. 그래서 티베트의 산림 상태는 지역 간 상당히 차이를 보인다. 예를 들어 티베트 중부에 위치한 수도 라싸와 서남부에 위치한 쨩무 지역의 산림은 큰 차이가 있다. 이러한 상황으로 인해 장례 방법도 지역별로 차이를 보인다.

티베트 중부 지역의 임업 한계 상황을 보여주는 대목이 있다. 탐험가 맥도널드David Macdonald는 《티베트에서의 20년Twenty years in Tibet》에서 다음과 같이 서술한다.

티베트인들이 겨울에 무덤을 파야 할 경우, 한 가지 문제에 직면한다. 삽과 곡괭이를 가지고 작업을 시작하기 전에 반드시 지면에 불을 지펴서 땅을 녹여야 하는데

천장터에 펼쳐진 풍마기

5000KM
西藏拉孜 〈318国道〉 上海人民广场
上海第三批援藏拉孜小组　2003年10月建

一点星星火
可毁方亩林

林业局

공행모(空行母) 독수리. 천장 의식이 끝나면 수십에서 일, 이백 마리까지 한꺼번에 천장터에 내려앉아 잘게 조각난 망자의 육신을 먹는다. 티베트에서는 독수리가 시신을 깨끗하게 먹을수록 망자의 영혼이 좋은 곳으로 간다고 여긴다

해발 5000미터라는 라쩨(拉孜, Lhaze) 지역의 표지판. 티베트는 대개 해발 4000미터가 넘는다(왼쪽 맨 위)
짱무 지역으로 가는 길목에 세워진 화재 주의 표지판. "하나의 불씨가 수목을 다 태워버릴 수도 있다" 는 뜻이다(왼쪽 위에서 두 번째)
티베트는 지형의 특성상 임업이 발달하지 못해 티베트인들은 자신들이 키우는 야크나 양의 배설물을 연료로 이용했다. 땔감이 귀했기 때문에 화장은 특권층이나 누릴 수 있는 장례 문화였다(왼쪽 아래 두 사진)

목재 수량이 턱없이 부족하다.[18)

이러한 한계 상황이 훗날 천장이 성행하게 되는 단초가 되었을 것이다.

극악한 자연환경으로 인한 보행의 불편, 자연 자원의 한계 속에서 그들은 생활의 지혜를 스스로 터득할 수밖에 없었다. 불교를 숭상하면 화장을 하는 것이 정상적이지만 '목재'를 비롯한 연료가 부족했기 때문에 화장은 티베트에서 주된 장례법이 될 수 없었다. 현실적으로 티베트 민족은 목재보다 양이나 야크의 배설물을 연료로 더 많이 쓰고 있다. 제한적인 자연 자원으로 화장은 극소수의 경세력 있는 귀족이나 상층 라마승의 특권이 될 수밖에 없었다. 장례법에 따라 신분을 간접적으로 가늠할 수 있게 되어 화장은 아무나 할 수 없는 특권층의 상징이 되었다.

이처럼 천장은 당시의 사회적·자연적 조건과 밀접한 관련을 맺고 있다. 또 불교 교의에도 적지 않은 영향을 받아, 불교의 핵심 사상인 '인과응보'나 '윤회'는 천장 문화의 사상적 배경이 되었다. 영혼불멸론, 사람이 죽은 후 육신은 없어지지만 영혼은 연속된다는 믿음은 티베트 민중으로 하여금 인간의 육신을 그저 껍데기일 뿐이라고 인식하게 했다.

티베트인들은 육신보다 영혼을 더욱 중시한다. 그래서 전통적으로 영혼을 좋은 곳으로 이동시키는 의식에 더 집중했다. 인간의 육신을 최대한 잘게 부순 후 천국의 사자인 독수리라는 매개체를 이용하는 것이다. 티베트에서 독수리는 매우 신성한 동물이다.[19) 공행모(空行母)[20)의 화신인 독수리에게는 철저히 육신을 보시하고 영혼은 가족들이 원하는 곳으로 이동시켜 달라는 간절함을 담고 있는 천장 의식은 지극히 이타적인 정신을 충만하게 담고 있다.

불교에서는 사람이 죽어 다음 생으로 배태되기 전 영혼이 여전히 존재하여 형태를 보존하고 있는 시기가 있다고 하는데, 이 시기를 '중음계(중간 상태)'라 한다. 티베트인들은 바로 이때에 전문적인 수양을 받은 주술사로 하여금《서장도망경(西藏度亡經)》[21]이라는 주술서를 읽게 하여 영혼을 바람직한 곳으로 빠르고 안전하게 이송되도록 돕는다. 육신의 소멸은 빠르면 빠를수록 좋다는 관념이 지배적이어서 되도록이면 빨리 시체를 처리한다. 시간이 지체되면 시신의 물질적 원소들을 빨리 분해시킬 수 없어서 악령이 시신에 계속 존재한다고 믿기 때문이다.

티베트인들은 인간의 영혼은 전세(轉世)가 가능하다고 생각한다.[22] 영혼의 연속성을 믿는 것이다. 이러한 사상적 배경을 바탕으로 하는 천장 의식은 티베트의 대표적인 풍속이요 전통문화다. 불교의 생사윤회설은 죽음에 대한 인간의 두려움을 해소해주었다. 불교에서는 사후에 생전의 행위에 따라 내세에서 천계에 들어가게 될지 지옥에 들어가게 될지 결정된다고 설명한다. 때문에 살아 있는 사람은 망자의 영혼을 윤회의 궤도 안으로 들여보내야 하는데 천장은 망자가 윤회의 궤도에 진입할 수 있도록 도와주는 매우 실천적인 방법인 것이다. 그렇다면 천장 정착의 사상적 배경이 된 티베트인들의 생사관은 구체적으로 어떠한지 알아보자.

3. 티베트인의 생사관

서구 과학은 죽음에 대한 많은 실험으로 이에 관한 이론을 시각적으로 보여주었다. 일반적으로 서구 과학은 심장의 박동이 멎고 뇌파 측정기의 그래프가 직선으로 나타나는 현상을 죽음이라고 정의한다. 뇌가 활동하고 있는 동안 '나'라는 개체적인 의식이 존재하며, 뇌의 활동이 멈추면 의식도 사라진다고 정의하는 것이다.[23]

티베트에서는 죽음에 대해 다른 각도로 접근한다. 사람이 죽으면 의식이 소멸된다는 견해는 과학적인 탐구의 결과가 아니라 그럴 것이라는 가정에 불과하다는 것이다. 실제로 한동안 뇌파가 정지된 상태로 있다가 다시 살아난 사람들도 있으며, 그들은 한결같이 뇌파가 정지된 상태로 있는 동안에도 이런저런 체험을 했노라고 증언한다.[24]

티베트인들은 여기서 한 발 더 나아가 '영혼'이라는 보이지 않는 세계까지 이야기한다. 영혼을 본 사람이 있을까? 영혼의 주체는 무엇일까? 눈에 보이는 현상만을 믿어 온 우리에게는 너무도 비현실적인 화두다. 하지만 영적 풍요로움을 위해 정진하는 티베트의 라마승들은 오래전부터 이 문제에 대해 골몰해 왔다. 인간의 사후 상태에 관한 티베트 라마승들의 견해는 상당히 독특하고 체계적이다. 라마승들은 죽음과 육도(六道)에서의 재생 사이에 일정한 시간 간격이 있다고 믿는다. 그들의 믿음에 따르면 사람이 어떤 세상에 다시 태어나고 행복하거나 불행하게 사는 것은 전생에 행한 선행과 악행에 달려 있다. 또한 인간은 행위, 특히 정신 활동을 통해 자신의 실체를 바꾸어서 신이나 동물 같은 존재의 성질도 얻을 수 있다고 믿는다. 대다수 불교 신자들은 죽은 사람의 운명이 도덕성에 따라 결정된다고 믿고, 라마승들은 '바른 방법'을 깨친 사람은 사후의 운명까지도 좋게 바꿀 수 있다고 주장한다. 다시 말해서 올바로 정진한다면 언젠가는 본인이 원하는 바람직한 상태로 '환생'할 수 있다는 것이다. 티베트에서 밀교(密敎)에 정통한 주술사들은 죽을 때 그 앞에 무엇이 기다리고 있는지 알 수 있으

티베트인들에게 활불(달라이 라마)은 존귀한 숭배의 대상이다

며, 명상에 숙달한 라마승은 죽음에 따르는 감각을 생전부터 경험한다고 한다.
그래서 현재의 육체가 무너질 때도 그들은 두려워하지 않는다. 다른 세계로 갈
때 마땅히 존속할 '그것'은 이미 자신이 나아갈 길이나 지름길, 장소를 알고 있
다. 육체가 무너진 후에도 계속 존재하는 '그것'이란 무엇일까? 그것은 '나'라
는 의식이며, 달리 표현하면 '존재하고자 하는 의지'라고 한다.

　인간의 정수리를 통해 육체에서 영혼을 탈출시키는 작업은 티베트 주술사의
전문적인 작업 중의 하나이다. 정수리 이외의 다른 샛길로 영혼이 빠져나가면
그 영혼의 미래는 상당히 불안해진다고 믿고 있기 때문이다. 육체에서 영혼을

끌어내는 이 작업은 고도의 집중과 괴이한 외침이 필요하다. 평생을 이 방면에서 수양한 라마승이 이러한 작업을 하는 주술사로 선정된다. 이를 통해 바르게 인도된 영혼은 바람직한 상태로 환생할 수 있다. 이러한 환생 관념은 달라이 라마와 판첸 라마라는 티베트만의 독특한 정치 시스템을 낳기도 했다.

티베트인은 달라이 라마는 관세음보살의 화신이고 판첸 라마는 아미타불의 화신으로 여긴다. '달라이 라마'와 '판첸 라마'라는 활불 제도는 티베트만이 지닌 독특한 정치 시스템이지만, 이 제도가 티베트 사회 초기부터 확립된 것은 아니다. 이것은 17세기에 강력한 군주이자 신망받는 종교 지도자였던 제5대 달라이 라마 나왕롭상갸초(阿旺羅桑加措, Ngag-dbang-rgya-mtsho)에 의해 확립되었다.

그러면 활불의 핵심 사상인 환생을 어떻게 받아들여야 하는가? 환생이 윤회의 또 다른 형태는 아닐까? 환생이라는 관념은 불교의 철학적 구조에 내재되어 있다. 그러나 붓다만의 가르침은 아니며, 종파를 막론하고 모든 아시아인들이 이것을 하나의 자연현상으로 간주해왔다. 불교에서는 윤회하는 '자아'가 있는 것이 아니라 어떤 생을 이전의 생으로부터 발원하게 하는 어떤 '의식 에너지'가 있을 뿐이다. 자신의 의식을 어느 정도 통제할 줄 아는 경지에 이른 사람은 죽을 때 바르도[25]의 중간 단계를 향해 갈 수 있으며, 그리하여 자신이 선택한 환경에서 환생할 수 있다. 그런 사람들을 티베트어로 '튤쿠(朱古, Zhu gu)'라고 한다.[26]

전통적으로 티베트에서는 이 같은 환생 사례가 존재했으며 신뢰받았다. 바로 '달라이 라마' 때문이다. 현재 인도에 거주하는 제14대 달라이 라마의 환생 사례를 들어보자. 그는 1935년 6월 6일에 태어났다. 활불 탐색단이 티베트의 수도 라싸의 동쪽 방향을 뒤진 끝에 그를 발견했다고 한다. 앞서 사망한 제13대 달라이 라마(그는 1933년 앉은 채로 입적했다)의 고개가 신비하게도 동쪽으로 돌려졌기 때문이다. 전통적으로는 남쪽을 보는데 말이다. 이 사건은 티베트 왕조의 신탁에 부쳐졌고 예언자는 동쪽으로 흰 수건을 던졌다. 섭정관은 신에게 더 자세하게 안내해줄 것을 끊임없이 기도하면서, 초스코걀 호수로 순례를 떠났다. 이 호수의 깊이를 꿰뚫어볼 수 있는 사람은 미래의 일을 볼 수 있다고 한다. 섭정관은 그 호수에서 청록색 지붕의 사원 옆에 있는 푸른색 처마집의 비전을 보았다. 그 비전은 상세하게 기록되었고 탐색단만 아는 비밀로 지켜졌다. 동방 박사들이 아기 예수를 찾으려고 여행을 떠난 것처럼 1937년에 탐색단은 새로운 활불을 찾으러 나섰다. 정신적 지주를 찾는 것이 왕조의 중대사임을 잘 알고 있었던 티베트인들도 탐색이 잘 진전되기를 간절히 바랐다. 달라이 라마가 없는 티베트인은 고아나 다름없기 때문이다. 탐색단은 몇 달간의 힘들고 별 소득 없는 여행 끝에 중국 영토 깊숙이 들어갔다. 중국 최대의 염호(鹽湖) 칭하이호 근방이었다. 그들의 말안장에는 제13대 달라이 라마의 소지품이 실려 있었는데, 도중에 몇몇 소년들에게 이 물건들에 대해 질문을 던져보았지만 신성한 요구 조건을 충족시킬 만한 만족스러운 대답은 얻지 못했다. 그러나 칭하이호 근방의 탁스터 마을로 들어가서 3층 사원을 보는 순간 탐색단은 다시 활기를 찾았다. 그 광경은 비전의 모습과 꼭 같았기 때문이었다. 흥분한 탐색단의 지휘자는 성큼성큼 푸른 처마집으로 들어갔다. 섭정이 부엌으로 들어가는데 두 살짜리 사내아이가 인사를 하며 그의 목에 걸린 염주를 달라고 했다. 그 염주는 제13대 달라이 라마의 것이었다. 섭정은 만약 자기가 누구인지 알아맞히면 그 염주를 주겠다고 약속했다. 아이는 '세라가Seraga'라고 대답했는데 그것은 지방 사투리로 '라싸에 있는 세라Sera 사원의 라마'라는 뜻이었다. 아이는 계속해서 탐색단의 이름을 알아맞혔다. 그리고 여러 가지 물건 중에서 아무 망설임 없이 전(前) 달라이 라마의 염주와 북, 지팡이를 골라냈다. 아이의 부모는 중국에 병합된 지역에서 27년 동안 살았지만 순수한 티베트인들로 밝혀졌다. 미래의 티베트 지도자를 찾은 것이었다.[27]

1959년, 중국이 티베트를 점령하자 제14대 달라이 라마는 인도로 망명한 뒤 티베트 민족의 새로운 '운명 공동체'를 건설했다. 그것이 바로 티베트 망명정부[28]다. 그후 그는 인도의 다람살라에 머무르면서 서방 국가와 다른 불교 국가들을 방문하는 데 많은 시간을 할애하고 있다.

1999년, 달라이 라마는 뉴욕에서 열린 세계평화를 위한 칼라차크라Kalacak-ra[29] 대법회에서 환생에 대한 자신의 이해를 다음과 같이 설법했다. "마음은 과거와 끊임없이 이어지는 연속성을 갖습니다. 지금의 생에서 전생의 마음이나 의식을 찾아갈 수 있다면, 물질계가 그러한 것처럼 마음이 갖는 연속성의 시초를 무한한 차원까지 찾아갈 수 있습니다. 그러나 그 처음은 없습니다. 마음의 연속성을 계속 유지하게 해주는 환생이 있다는 것은 분명한 사실입니다. 모든 것은 어떤 원인의 결과로 있는 것이며, 마음이나 의식도 그 직전 상황의 결과로 존재하는 것일 뿐입니다. 마음과 물질은 상호 작용하지만 그중 어떤 하나가 서로 다른 어떤 하나의 실체가 되지는 못합니다."[30]

환생설은 티베트인의 생활양식에 절대적인 영향력을 미치고 있으며, 선한 자와 악한 자를 가리지 않고 똑같이 적용된다. 또한 환생설은 연기론(緣起論)과 인과(因果)의 법칙과도 관련되어 있다. 지혜와 자비의 계발은 궁극적으로 부처님이 이룬 더없는 깨달음의 경지를 지향하는 바, 이런 계발 과정이 있기 위해서는 환생이 필수 요인이다.

달라이 라마의 어릴 때 모습(왼쪽)
2001년 미국을 방문해 부시 대통령을 만난 달라이 라마(오른쪽)

티베트의 전통 종교인 본교는 제물을 바치고 피를 올리는 제례 의식과 악마를 쫓는 주술이 발달한 토착 종교였고, 과거 강력한 왕권을 지닌 '신성한 왕'들은 신의 대리인을 자임했다. 대기, 대지, 지하, 하늘을 대표하는 신들은 왕으로 나타나 지상 세계를 다스렸다. 이러한 본교의 사상은 훗날 티베트 불교에서 활불을 제도화하는 단초를 제공한다.

환생의 법왕(法王)이 몇 세기 동안 존재했고 지금도 받아들여지는 이유는 대략 세 가지로 요약할 수 있다. 첫째, 본교의 영향을 들 수 있다. 신을 대신해 지상에 온 신성한 왕은 티베트인에게는 자연스러운 것으로 받아들여지고 있다. 둘째, 법왕의 강력한 권력은 국가 제도 아래서 반드시 필요한 일이었다. 일단 중앙 집권을 확보한 출가 승단에서 후계자를 구하는 일은 법왕의 환생이라는 신비주의 방식이 제일 효과적이다. 셋째, 티베트 민중 사이에 달라이 라마와 판첸 라마가 중생을 제도하는 관세음보살과 아미타불의 화신이라는 인식이 자연스럽게

티베트의 또 다른 정신적 지도자, 제10대 판첸 라마. 티베트인들은
판첸 라마를 아미타불의 화신으로 여긴다.

퍼져 있기 때문이다.

티베트 민족이 받아들인 불교의 이념 아래서 화신을 거부할 이유가 없었다.
또한 계급에 관계없이 누구에게나 열려 있는 환생 제도는 일반 민중들에게 매력
적으로 다가왔다. 법왕 이전의 군주는 혈통에 의해 계승되었지만 환생한 법왕은
신분의 고하에 관계없이 누구나 차지할 수 있는, 기회가 균등한 제도인 것이다.

내가 만나본 즐궁 사원의 한 라마승은 '환생과 윤회'에 대해 자신의 이해를 다
음과 같이 설명해주었다. "환생이란 수많은 생을 거쳐 영혼이 성장해가는 과정
이다. 우리는 육신을 가지고 불완전한 존재로 태어나지만, 환생은 완전함과 영
적 의미를 약속해준다. 현생은 과거의 행위를 수확하는 시간이며, 동시에 미래
의 씨앗을 뿌리는 시간이다. 즉 우리가 과거에 만든 것이 내일이 될 것이다. 지

오늘날 라마승은 과거와 같은 정치적 권위를 갖지 못한다
티베트의 독특한 '정교합일'의 시대는 저물고 있다

금 우리의 손에 주어진 '이 순간'에 다음 생을 위한 변형이 일어나며 환생은 실현된다. 나는 그렇게 믿고 있다."

환생설은 오늘날 구체적으로 눈에 보이는 증거를 내놓아야 수긍하는 우리들보다 티베트 사람들에게 훨씬 더 깊게 뿌리박혀 있다. 과학 기술이 나날이 발전하는 세상에서도 전혀 과학적인 증거와 통계를 확보하지 못하는 이러한 환생과 윤회라는 고도의 내면세계는 티베트인들에게 전혀 낯설지가 않다. 그들은 환생의 진위 여부를 따지는 것보다도 믿는다는 것이 더 중요하다고 생각하기 때문이다. 왜 그럴까? 그것은 아마도 가혹한 환경 덕분에 정신문화에 더욱더 천착했기

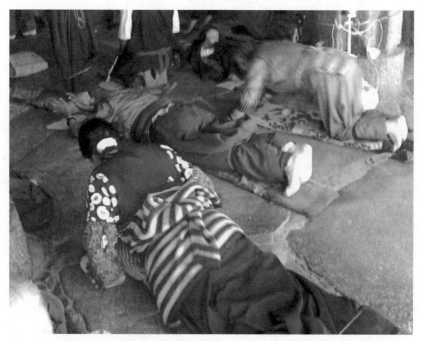

오체투지(五體投地). 자기 자신을 무한히 낮추면서 부처에게 존경을 표하는 방법으로, 양 무릎과 양 팔꿈치, 이마 등 신체의 다섯 부분이 땅에 닿는다

때문일 것이다. 자연환경이 척박하고 물질적 토대가 빈약할수록 종교적 순수성과 정신문화에 집착하게 된다. 이러한 경향은 결국 세계관에 대한 보편적 인식을 초월해 그들만의 초현실적 마음가짐을 만들어낸다. 오체투지로 자신의 몸을 낮추며 환생과 활불을 믿고, 독특한 장례 문화에 가치를 부여하는 정신문화는 여기에서 비롯된 것이다. 그렇다면 이러한 사상적 뿌리가 티베트인들의 천장 문화와 어떤 연관이 있는 것일까? 천장의 기원에서부터 그 흔적을 찾아가보자.

제2장
천장의 기원

오늘날의 천장 의식은 본교와 원시 상장(喪葬) 의례에서 유래한다.
하지만 그 기원은 티베트 민간 신화와 전설에 있다.

칭하이성과 간쑤성의 접경 지역에 있는 랑무사(郞木寺)의 천장터 입구. 풀숲 철조망에 야크뼈가 걸려 있다. 티베트에서는 삶과 죽음, 자연이 함께 어우러진다

고대 천장의 태동과 그 궤적을 풍속 관습의 관점에서 문헌적으로 추적하기는 쉽지 않다. 그러나 종교적인 측면에서 접근하자면 8세기에 불교가 유입되기 전부터 시작된 것으로 보인다. 티베트인들의 토착 종교인 본교에서 천장의 흔적을 찾을 수 있기 때문이다. 티베트 고원의 지리 환경은 상술한 바와 같이 특수하기 그지없다. 자연환경에 순응하며 지난한 삶을 살아가는 티베트인들은 대부분이 풀과 물을 찾아다니던 유목민이었다. 물론 지역에 따라 농경을 주업으로 삼아 살아가는 티베트인도 존재했지만 소수에 불과했다. 유목민의 특징이 무엇인가? 바로 집단적으로 이동 생활을 한다는 것이다. 그들은 떼를 지어 양과 야크를 몰고 목초지를 찾아 이동했다. 유목민은 농경 민족에 비해 유동성이 강하며 불안정하고, 군집성과 산만성이 두드러진다. 이러한 조건이 그들로 하여금 초기 자연숭배의 관념, 즉 원시 본교의 태동을 촉발했다. 당시 그들은 사방에 존재하는 불변의 대상, 산, 물, 거대한 암석 등을 경외했다. 영원불변의 대상들은 차츰 신산(神山), 성수(聖水) 등으로 격상되었고 죽음과 재난에서 티베트인들을 보호해주는 신으로 숭배받기에 이른다. 이러한 현상은 오늘날에도 티베트의 원시림 지역, 예를 들어 린즈 지역에서 찾을 수 있다. 이 지역에는 본교의 사원이나 천장대가 원시림 안에 버젓이 존재하고 있다.

본교에서는 인간이 자연계의 동식물을 훼손하면 벌을 받으며 재앙에서 벗어나지 못한다고 믿는다. 이는 당시 티베트인의 생활 방식과 시체 처리 방식에도 영향을 미쳤다. 척박한 자연환경에서 물과 풀을 찾아 이동하는 유목민들에게 망자의 시체를 매장하는 것은 매우 어려운 일이었다. 따라서 유목민들에게 자연풍장(自然風葬), 즉 망자의 시체를 대자연 속에 그대로 버려두고 생존을 위해 또 다시 이동하는 것은 대자연에 순응하는 삶의 방식이요 철학이었다. 어떠한 의식과 행위의 태동은, 근원적으로 제반 환경과 경제적 물질의 조건에 기초한다는 원리가 적용되는 장면이라 할 수 있다. 고대 티베트 민족의 천장 풍속은 이러한 환경에서 형성된 심리와 원시신앙의 보이지 않는 규율 속에서 자연스럽게 태동되었다. 티베트 고대 사회에서 원시 천장의 추형(雛形)은 이미 진행되고 있었던 것이다.

1. 천장의 신화와 전설

천장은 풍장(風葬) 또는 조장(鳥葬)이라고도 하는데, 이방인들에게는 독수리와 연관지어 조장이란 단어가 비교적 익숙하겠지만 티베트인에게는 풍장이라는 어휘가 더 친숙하다. 앞에서 언급했듯이 이동 생활을 하는 유목민들에게는 사실상 묘지가 무의미하며, 티베트와 같은 고원에서는 시신을 땅에 묻는 일이 여간 어렵지 않았다.[31] 따라서 황야에다 시신을 버리는 행위, 즉 시체 유기는 아주 자연스러운 현상이다. 이것이 천장의 모태다.

티베트의 돌무덤 신앙을 보여주는 닝마뚜이. 우리의 서낭당과 비슷한 역할을 한다

(1) 바람

고대 티베트인의 원시적 사유 체계를 보여주는 중요한 신화와 전설 모음집 중 《창세가(創世歌)》편은 천장의 문화와 깊은 관련을 맺고 있다. 《창세가》는 중국 서남부 간난 티베트 자치구 지역과 쌍베이의 안둬 지역에서 유행했던 일종의 천지개벽 신화다.

《창세가》에서는 최초의 세계가 지(地), 수(水), 화(火), 풍(風)의 네 가지 성분으로 구성되어 있다고 설명하고 있다. 이들 성분은 모두 각각의 색깔이 있으며 또다시 미립자로 분해되어 유기적인 관계를 맺고 있는 것으로 나타난다. 《창세가》의 노랫말은 이 네 가지 성분을 재미있게 형용하고 있다.

토(土)의 형태는 사방형이고
토의 색깔은 황금색이고
그것의 요소는 남목우(藍木佑)다.

수(水)의 형태는 원형이고
수의 색깔은 백색이고
그것의 요소는 감목우(坎木佑)다.

화(火)의 형태는 삼각형이고
화의 색깔은 홍색이고
그것의 요소는 염목우(染木佑)다.

풍(風)의 형태는 부채 모양이고

풍의 색깔은 청색이고

그것의 요소는 연목우(煙木佑)다.

　　　　　　　　　—〈사파달의(斯巴達義)〉,《창세가》[32]

　여기서 말하는 요소란 물질을 형성하는 흙, 물, 불, 바람의 최소 미립자다. 이 천지개벽 신화를 바탕으로 티베트 민족의 원시적 우주관을 개관하려면 먼저 인간이 몸과 마음의 복합체라는 티베트인들의 관(觀)을 이해해야 한다.

　몸과 마음의 복합체인 인간에게는 거친 차원[肉], 미묘한 차원[魂], 지극히 미묘한 차원[靈]의 세 차원이 있다. 거친 차원은 육체와 마음이고, 거친 차원의 육체는 피와 살과 뼈, 그리고 인간을 구성하고 있는 다섯 가지 근본 요소[五大 : 地, 水, 火, 風, 空]로 이루어져 있다. 거친 차원의 마음은 여섯 가지 감각[六識]으로 이루어진다. 여섯 가지 감각이란 육체의 감각 기관인 눈(眼), 귀(耳), 코(鼻), 혀(舌), 피부(身)를 통한 다섯 가지 감각의 인식[五識]에 감각이 받아들인 정보를 통합하는 생각, 상상, 충동, 의지 등의 정신 작용[意識]을 더한 것이다.[33]

　티베트인들의 이러한 인식은 불교와 관련이 깊다. 불교의 인식 역시 지(地), 수(水), 화(火), 풍(風), 공(空), 식(識)의 여섯 가지 원소를 물질과 정신의 세계를 구성하는 기본 요소로 보았다. 지는 골육(骨肉), 수는 혈액(血液), 화는 열기(熱氣), 풍은 호흡(呼吸), 공은 감관의 공간, 식은 정신 원소다.

　《창세가》에서 설명하는 네 가지 성분은 사실상 우리 인간의 몸과 마음을 규정하는 중요한 인자다. 그래서 티베트인들은 일찍부터 인간의 몸과 마음은 출생과 더불어 형성되고 죽음과 더불어 자연히 흩어진다고 믿어왔다. 일단 인간의 호흡

오색 타루초. 티베트는 고원 지대에 위치해 항상 바람이 분다. 티베트인들은 자신들의 염원을 담은 다섯 빛깔의 천을 걸어놓는다. 염원이 바람을 타고 날아가서 소망이 이루어진다고 믿기 때문이다. 파란 하늘과 오색 빛깔의 타루초를 보고 있노라면 한 폭의 그림을 보고 있는 듯하다

오색 깃발에는 불경의 고사나 독수리, 말 등의 그림이 새겨져 있다

이 끊어져 죽음에 이르면 네 가지 성분으로 구성된 우리의 신체는 다시 땅과 물과 공기와 바람 속으로 돌아가는 것이라고 인식하는 것이다. 인간의 몸은 흙, 물, 불, 공기의 네 가지 성분으로 구성되어 있기 때문에 가능하면 빨리 이러한 원소들로 되돌아가야 한다는 의식이 싹트게 된다.

화장은 인간의 육신을 분해하여 자연으로 돌아가게 하는 가장 빠른 방법으로 여겨졌다. 매장은 기독교와 마찬가지로 시신을 흙의 원소로 되돌리는 것이고, 수장은 물의 원소로 되돌리는 것이며, 풍장(천장)은 공기의 원소로 되돌리는 것이다. 풍장의 경우 시신을 먹는 독수리들은 공기의 거주자로 인정되었다. 자연으로 돌아가는 가장 빠른 방법은 화장이지만 티베트인들은 풍장을 선호한다. 바람은 티베트인들에게 희망을 불어넣어주는 요소이기 때문이다. 평균 해발 4,000미터 이상의 티베트 고원에는 항상 바람이 존재하고, 티베트인들은 바람에 소망을 실어 하늘에 날려 보내는 의식을 좋아했다. 그들은 궁극적으로 자신들의 영혼이 바람을 타고 불멸의 세계로 진입하길 갈망한다. 티베트 고원 곳곳에서 볼 수 있는 오색 '타르초'의 풍장 의식이 그것을 보여준다.

그들은 바람을 타고 하늘 높이 올라 어디론가 사라지는 독수리를 신성시한다. 바람에 날개를 실어 망자의 영혼을 바람직한 장소로 안전하게 전송해줄 것이라 믿기 때문이다. 인간의 몸을 바람이라는 대자연으로 귀의시키는 환수 작업은 티베트인들에게는 지극히 당연한 일이다.

(2) 천신 숭배

천장은 고대 티베트인들의 원시적 가치관인 천신 숭배와도 밀접한 관련을 맺고 있어서, 초기 천장 의식과 사상을 이해하기 위해서는 그들의 토착 종교인 본교를 먼저 살펴보아야 한다.

티베트 고원에는 아주 오래전부터 인류가 거주했음을 증명하는 흔적이 남아 있다. 1958년 티베트 린즈 지역에서 발견된 고대 인류의 두개골과 1978년 창더우 카뤄촌에서 출토된 신석기 유적은 그동안 불모지와 다름없었던 티베트 고대사 연구에 한 획을 그었다.[34] 이후로도 서부의 아리 지역에서부터 동부의 참도, 북쪽의 나취, 그리고 남쪽의 딩르 지역에서 간간히 발견되는 구석기와 신석기의 석기(石器), 골기(骨器), 도자기(陶器), 건축물에 이르는 유물과 유적은 고대 티베트 고원에서 인류가 생존하고 활동했음을 충분히 입증시켜준다.[35]

티베트 문헌인 《서장왕통기(西藏王統記)》, 《현자희연(賢者喜宴)》, 《용중본교사(擁仲苯敎史)》에서는 이 시기 원숭이의 활동에 관한 전설을 기록하고 있는데, 훗날 이 원숭이가 진화하여 원시인이 되고 이 설역 원시인이 오늘날 티베트인의 선조라고 설명한다. 그런데 이 전설 속에서 말하는 설역 원시인들의 최초 활동 무대는 얄룽 계곡 일대, 즉 오늘날의 티베트 싼난 지역이다. 이 지역은 1958년 티베트 고원에서 최초로 인류의 두개골이 발견된 지역과 대체적으로 같아서 학계도 신뢰하고 있다.

얄룽 계곡 일대의 원시인들은 무성한 원시림 속에서 야수의 공포와 생존의 치열함을 겪으며 본능적으로 집체적 삶을 추구했다. 시간이 지나면서 이들은 부락을 형성하게 되었고, 도구도 제작했으며 자신들을 제압하고 있는 자연환경에 대해 인지하고 호기심을 갖기 시작했다. 그런데 말로는 설명이 불가한 천(天) 혹은 자연계에 관한 것은 그들이 맞서 싸울 수 있는 동물 세계와는 전혀 다른 세계였다. 그들은 이 설명할 수 없는 존재와 현상을 두려워하고 숭배하기 시작했다. 이것이 바로 '자연 종교'의 탄생이다. 이것은 티베트인들에게 토착 종교로 자리

고대 티베트 민족을 '뵈릭 민족' 이라 하는데 티베트인들은 자신들의 조상이 원숭이에서 유래했다고 여긴다

티베트 건축 미학의 상징.
지붕이나 문양을 개금하는 경우가 많은데, 이것은 티베트에 황금이 많기 때문이다. 불교사원의 지붕에는 원
숭이와 야크 그리고 불교 법호신의 상들을 배열한다

송첸캄포. 티베트의 제33대 왕으로 티베트 고원을 처음으로 통일했다

잡았으며 학술 용어로 본교라고 한다. 오늘날 본교의 기원이나 발생지 그리고 정
확한 발생 연대에 관한 문헌을 찾는 것은 매우 어렵다.[36] 중국 대륙과 대만, 일본
의 학계에서 본교에 관한 학술적 견해를 내놓았지만 그 주장들은 내용이 일치하
지 않을 때가 많다. 그만큼 본교의 원류를 정확히 찾는 작업은 난해하다. 학자들
이 대체적으로 동의하는 부분은 본교가 샹슝 지역, 오늘날 아리와 서부의 일부
지역에서 발원하여 훗날 얄룽 계곡 일대로 전이됐다는 설이다. 이렇게 태동된 본
교는 불교가 들어오기 이전 고대 칭짱고원의 보편적 신앙이었다.

중국의 티베트 불교 권위자인 왕선(王森)은 본교는 쉽게 말해서 내지의 무속 신앙과 같은 성질이 있다고 말한다. 티베트의 고대사 문헌인《토관종파원류(土觀宗派源流)》에서는 본교의 주요 활동을 "병든 자에 대한 치료, 장례 의식, 신의 강림 주재, 안녕을 기원하는 제사의 주도"라고 밝히고 있다. 그리고 고대 티베트의 첫 번째 왕인 녜치첸푸(聶赤贊普, Gnya-Khri-btsen-po)부터 송첸캄포 이전까지는 본교가 실질적인 국교였음을 전하고 있다.[37]

본교의 핵심 사상은 세상에 존재하는 만물에는 모두 영혼이 있다고 믿는 것이다[만물유령론(萬物有靈論)]. 본교는 이 세계를 크게 세 단계로 나누어 인식했다. 즉 천, 지, 지하(地下)의 세계가 존재한다고 보았고 각각 그 영역의 최고 책임자를 '찬(贊)', '년(年)', '노(魯)'라 명명했다.[38] 그중 천의 세계는 티베트인들이 가장 이상적으로 꿈꾸는 세계였다. 그래서 티베트인들은 천신에 대한 막연한 경외감을 가지고 숭배했다. 그들은 알 수 없는 재난과 가혹한 자연환경에서 벗어나고자 종종 본능적인 원시 의식을 통하여 자기 보호를 갈망했던 것이다.

일반인들은 천신이 인간 세계에 보낸 그들의 통치자를 '첸푸(贊普)'[39]라 칭했고 그가 곧 천신의 아들이라고 믿어 의심치 않았다. 티베트 역사에 출현한 첫 번째, 토번 왕조의 통치자는 녜치첸푸였다. 그가 인간 세계에 강림한 첫 번째 천신의 아들인 것이다. 이로부터 제7대에 이르기까지 티베트의 통치자는 하늘로부터 끊이지 않았다. 하늘의 아들이 죽음에 임하여 천상으로 올라가면 또 다른 천자가 강림했다고 전한다.[40]

이 신화와 전설을 티베트 역사에서는 '칠척천왕(七尺天王)의 고사'라 전한다. 그런데 제8대 임금인 츨주더첸(赤祖德贊, Khri-gtsug-lde-btsen)에 이르러 처음으로 반역이 일어나 천상으로 올라가는 신성한 끈이 끊어졌다. 따라서 초대에

티베트 불교의 '후홍기(後宏期)' 시대부터 천장은 불교의 영향을 받아 새롭게 정비되었다

서 일곱 번째까지는 천신의 후예답게 지상에 묘지를 남기지 않고 신성한 하늘 밧줄을 타고 천계로 수직 상승했지만, 그 후의 왕들은 지상에 묘지를 남기게 되었다.[41)]

티베트 고대사에서 첫 번째 천신의 아들 녜치첸푸 왕 시기가 중요한 것은 이때부터 티베트 사회에서 국왕의 국정 관리와 귀족 계급이 본격적으로 생겨났고 일반인들의 상장(喪葬)을 위해 전문가를 발굴했다는 사실 때문이다. 이때 무사(巫師)라는 제사장이 출현했는데, 당시 무사는 신과 통할 수 있는 유일한 인간으로서 신의 대리인으로 여겨졌다. 무사는 당시 티베트어로 '뵌포Bon-po'로 불리었으며 정권(政權)과 신권(神權)을 모두 관장했다. 왕보다도 막강한 파워를 지닌 실질적인 권력자인 셈이다.

고대 티베트 왕조사 문헌인 《서장왕신기(西藏王臣記)》[42]는 상술한 무사의 직위와 성질을 다음과 같이 설명하고 있다.

당시 전문 용어로 둔나뒌(敦那敦, mdun-na-don)이라는 직위가 있었는데 그가 하는 일은 하루 종일 첸푸(왕)의 면전에서 나라의 길흉화복이나 인간의 화복을 점치는 것이었다. 티베트의 고대 역사서인 《백사(白史)》에서도 둔나뒌의 역할을 논하고 있다. 둔나뒌은 고대 장왕(藏王)의 신변에서 모든 잡사를 처리했으며 특히 점보는 일에 주력했다. 당시의 명칭은 과본(呱苯, sku-bon)]이었다.[43]

둔나뒌, 즉 무사는 군사와 정치에도 참여했으며 왕과 신하의 관계를 조율해주는 역할까지 했다고 전하고 있다. 기록으로 미루어 보아도 당시 본교는 왕의 신변에서 매우 중요한 역할을 담당했으며 왕조의 중요한 국사를 결정하는 데에도 적지 않은 영향력을 발휘한 것으로 보인다. 제정일치의 당시 사회에서 무사는 왕에게 매우 중요한 존재였다.

이러한 제정일치의 티베트 사회는 훗날 사회분공과 사유재산의 개념이 생기면서 신권과 정권이 분리된다. 이 시기에 무사 계급의 출현을 주목해야 하는 것은 특권 계층의 자연 풍장을 천장으로 전환시키고 본교의 이론 체계를 다진 장본인 역할을 무사 계급이 수행했기 때문이다. 이에 관해서는 다음 장에서 추가적으로 설명하겠다. 어쨌든 본교는 장례 의식을 종교 의례의 하나로 인식했으며 이것이 훗날 천장을 더욱더 신성화·종교화하는 경향으로 나타났다. 그러나 티베트 불교의 '후홍기(後宏期)' 시대부터 천장 의식은 내용과 형식 모두 본교보다는 불교의 영향을 받으며 새롭게 재정비된다. 이때부터 천장은 본교의 원시적 제사 의식과 사유 방식을 많이 덜어내고 흡입력 있는 불교의 이론을 대량 흡수하는 형태로 전환한다. 그러나 오늘날 진행되는 천장 의례 중 주술을 외우거나 시체에 대한 처리 방법은 여전히 원시종교인 본교에서부터 유래된 방식임을 간과해서는 안 된다.

정리하자면, 티베트인들의 천신 숭배와 집단 원시 활동은 고대 티베트 사회의 중요한 사유 체계를 보여주는 행위였다는 것이다. 첸푸, 그는 천신의 아들이었기에 인간 세상에 강림하여 통치자 노릇을 하다가, 죽으면 반드시 천국의 사다리나 밧줄을 통하여 천계로 상승했다. 티베트인들의 천장 의식은 이러한 믿기 어려운 신화 같은 원시적 신앙으로부터 출발했다.

2. 천장 기원설

앞서 얘기했듯 티베트 천장의 흔적과 기원을 문헌적으로 추적하고 해독하기란 쉽지 않다. 연구하는 학자가 매우 적을 뿐만 아니라 티베트 천장 문화의 근원을 찾는 시각도 다양하기 때문이다.

그 일례로 천장의 기원을 인도내원설(印度來源說), 즉 인도와의 연관을 두는 설이 있는데 이를 기록으로 뒷받침하는 것은 다음과 같은 내용뿐이다. 11세기 말 인도의 승려 단파상결(丹巴桑結)이 현·밀종(顯·密宗)에 득도하여 티베트로 3차례 전도하러 오면서 천장 문화를 전입해주었다는 설이다. 그는 3명의 제자와 함께 티베트로 들어와 시제파(希解派)[44]라는 새로운 불교 종파를 형성하고 이를 발전시켰다. '希解'는 티베트어의 음역으로 '능히 잠들게 하다'라는 뜻이

담겨져 있다. 이 종파의 승려들은 지정된 교의와 교법대로 수행한다면 언젠가 자기의 법력으로 생사의 오고감을 주관할 수 있고, 능히 번뇌와 그 근원을 차단할 수 있으며 성불할 수 있다고 믿었다. 이 종파는 티베트 지역에 근거지를 마련했지만 방대한 사원과 조직 체계를 구축하지 못하고 14세기 말엽에 흔적을 감추었다.[45]

위의 내용으로 볼 때 천장의 인도기원설은 문헌 추적이 매우 어렵다는 것을 알 수 있다. 문헌이 부실할 때 차선으로 그 흔적을 찾는 방법은 그들이 살았던 자연환경의 동선을 직접 탐방하고 구전되어 내려오는 신화와 전설들을 대입시켜, 그러한 환경에서 가능했던 삶과 문화를 유추하는 것이다. 나는 티베트 지역의 천장 답사를 통해 원시 천장(原始天葬)에서 인간의 천장(人爲天葬)으로 발전됐다는 '자연발전설'을 신뢰하게 되었다. 본교의 흔적을 인정하는 자연발전설에서 티베트 문화의 전통성과 고유성이 내재하고 있음을 확인했기 때문이다.

(1) 본교와 천장의 관계

천장의 시체 처리 방식은 고대 본교와 어떤 연관성을 가지고 있는 것일까? 이 의문점을 다른 각도에서 접근하면 고대의 원시 천장이 언제부터 어떤 이유와 경로로 인간의 천장으로 진화했는가의 문제가 된다.

일반적으로 티베트인들의 원시 종교는 자연 숭배, 토테미즘(특히 독수리), 그리고 영혼 숭배의 자연스러운 단계를 거치면서 형성되었다. 첫 번째 단계인 맹목적 자연 숭배 사상은 시체를 처리하는 방식에도 고스란히 영향을 미쳤는데, 이것이 바로 자연 천장이다.

풀과 물을 찾아 이동하는 고대 유목인들은 자연 천장 방식의 시체 유기가 매

세계 3대 천장터 중 하나인 즐궁 사원의 천장터

우 편리한 방법이었을 것이다. 그러나 시간이 흐름에 따라 그들은 자연현상을 신격화시키고 숭배의 대상으로 삼아 씨족과 부락의 명칭으로 붙이기에 이른다. 당시 이들이 가장 숭배하는 토테미즘의 대상 중 하나가 독수리였다. 사실 이 시기가 자연 천장에서 인간의 천장으로 넘어가는 과도기였다. 본능적 생존이 전부였던 원시 생활을 지나 주변 사물을 인식하기 시작하고 개인 소유의 관념이 싹트기 시작한 이 시기는 티베트 역사에서 원시 부족 생활의 후반부에 해당한다. 이 시기에 부족의 족장이 처음으로 생겨났다. 족장이 이끄는 원시 집단적 삶이 지속되면서 초창기의 자연에 대한 맹목적 추앙도 점점 퇴색하기 시작한다. 대신 이 모든 자연계를 주관하는 보이지 않는 신과 통할 수 있다는 무당이 출현하고, 처음으로 티베트인들은 인간 자신의 역량을 믿기 시작했으며 그 믿음은 영혼 관념과 조상 숭배로 진화했다. 이 시기에 천당과 지옥이라는 이중적 사유 방식도 초보적으로 형성되었다. 이것이 초기 본교의 태동 과정이다. 본교의 이러한 사유 방식은 자연 천장에서 인간의 천장으로 넘어가는 결정적 가교 역할을 한다. 이는 무슨 의미인가? 하나하나 살펴보자.

앞에서 살펴본 것처럼, 고대 티베트인들의 시체 처리 방식은 자연 천장이었다. 말 그대로 어떠한 의식과 절차 없이 산과 들에 시체를 그냥 버리는 것이다. 그런데 시간이 지남에 따라 이러한 방식은 당시의 원시 종교인 본교의 영향을 받기 시작한다.

문헌에 따르면 본교의 출현과 티베트인의 상장 방식은 매우 밀접한 관계를 가지고 있다. 본교의 체계적인 경전인 《구승경론(九乘經論)》에서는 본교도의 사망관과 장례 의식에 대해 상세히 논하고 있다.[46] 이 경전은 360종의 죽음과 4종의 장례 방법, 81종에 해당하는 인제(人祭)와 헌제(獻祭)[47]에 대해 설명하고 있다.

샴발라의 왕 리쟌 탁파. '샴발라'는 산스크리트어로 '낙
원의 땅'이라는 뜻이다

RIGDAN TAGPA

특히 구승(九乘) 중에 하나인 《사행(斯幸)》〔혹은 《세간행파(世間幸派)》〕은 제사,
주술, 상장 방법에 관한 전문 지침서이다. 티베트 문헌인 《오부유교등대신유교
(五部遺敎燈大臣遺敎)》에서도 《세간행파》에는 360종의 죽음의 방법과 4종의 주
류 장법(葬法)이 있음을 기재하고 있다.[48]

본교 경전의 핵심 교의는 삼계설(三界說)이다. 이것은 하늘, 땅, 지옥이 존재
한다고 인식하는 것이다. 그런데 이 세 가지 이론 중에 하늘에 대한 관념은 훗날
인간의 영혼에 대한 관심과 믿음으로 승화된다. 즉 인간의 영혼은 하늘로 올라
가야 한다〔영혼상천(靈魂上天)〕는 관념이 지배하게 되는 것이다.

고대 티베트인들의 신앙에 따르면 고대 통치자의 죽음은 천상으로 올라간 데
지나지 않는다. 이러한 승천 개념은 일종의 '샴발라'의 기억을 일깨웠다. 당시
이러한 사회적 환경을 조성하는 데는 본교 무사라는 제사장이 큰 역할을 담당했
다. 그의 역할은 기본적으로 인간의 영혼을 천신이 존재하는 곳으로 충실하게

인도[通鬼神之路]하는 것이었다.[49] 사람이 죽으면 영혼은 하늘로 올라가야 하고 그렇게 하려면 악령을 잘 다루어야 했다. 악령은 영혼을 지옥으로 끌어내리려고 하기 때문이다. 그 악령을 다루는 데 있어서 독보적인 존재가 당시의 무사였던 것이다.

고대 티베트인들은 이러한 영적인 분위기를 실제 생활에 연결시켰다. 대부분의 샤머니즘이 그러하듯이 고대 티베트의 샤머니즘도 현실적인 성공, 전쟁에서의 승리, 건강, 부, 자손의 번창 등을 갈구했다. 특히 군사력을 바탕으로 영토를 확장해나가던 시기에는 용한 무당이 왕권 수호를 위한 굿판을 자주 벌였다. 왕은 하늘에서 내려온 신이었다. 그에게는 절대 권력이 주어졌다. 무사는 하늘에서 왕의 후손이 내려오기를 기원하는 굿이나, 왕이 내려온 것을 축하하고 왕국의 안녕을 위해 하늘과 땅과 아래에 있는 신들의 도움을 청하는 굿을 주도했다. 옛 왕이 물러간 다음 새 왕을 등극시키는 것도 무사의 일이었다. 왕권이 바뀌는 공백 기간에는 어떻게 해야 할지를 알기 위해 죽은 자들의 세계로 가서 자문을 받아오기도 했다.

문헌에 따르면[50] 당시 티베트인들의 출생, 결혼, 상장, 질병과 관련해 무사의 역할과 영향력은 거의 전 방위적이었다. 고대 토번 왕조 시기 티베트 왕의 상장 방식과 처리 문제, 새로운 왕의 직위 문제, 전쟁 회맹(會盟) 등에 관하여 무사의 역할은 막중했다. 특히 시간이 경과함에 따라 시체의 처리 방식, 즉 상장의 의식과 내용에 관하여 무사의 역할은 더욱더 중요해진다. 주목해야 하는 점은 당시 무사와 권력자들이 시체를 이용하여 생자(生者)를 효과적으로 관리하고 통치하려고 연구했다는 것이다. 이 연구 결과는 훗날 원시적 천장에서 인간이 주도하는 인간 천장 제도의 형태로 변화하는 과정에서 나타난다. 초기의 원시 천장은 시체를 해부하지 않고 그대로 독수리나 들판의 야생 동물에게 던져주었으나 인간의 천장은 본격적으로 인간이 해부를 주도하고 여기에 본교의 사상적 교리를 바탕으로 의식 행위에 의미를 부여했다. 원시 천장에는 종교적 색채가 없는 반면 인간의 천장에는 종교적 의식 행위가 존재한다는 결정적인 차이가 있다.

본교의 또 다른 경전 《색이의(色爾義)》나 《색이미(色爾米)》 등은 당시 제사 의식의 행위와 절차 등을 설명하고 있는데 이는 오늘날의 천장 의식과 흡사하다.[51] 예를 들면 본교의 의식은 시체를 들판에 버리기 전에 '혈육제(血肉祭)'를 거행하는데[52] 이는 시체의 영혼과 관련된 의식이다. 영혼이 바람직한 곳으로 가게 해 달라고 염원하는 것이다.

본교와 천장은 매우 밀접한 관계를 가지고 있고, 그 중심에 무사의 존재가 있었다. 본교로 대표되는 티베트의 무속은 지금까지도 어느 정도 영향력을 유지하고 있으며 무당 또는 신탁승으로 명명되는 무사의 존재는 오늘날에도 티베트의 변방에서는 매우 중요한 사회적 기능을 하고 있다.

한편 천장의 기원과 역사를 설명할 때 불교와의 관계도 간과할 수 없다. 천장의 형성을 두 단계의 시간으로 둔다면 전반기 원시 천장은 본교의 영향이 절대적이었다. 그러나 천장이 제도적으로 시스템을 갖춘 것은 불교의 옷을 입고 난 후였다. 그렇다면 외래 종교인 불교가 어떠한 매력을 가지고 티베트 사회에 침투했으며, 천장의 정착에 어떤 역할을 한 것일까?

(2) 불교와 본교의 쟁패

하나의 문화 생명은 주변의 다른 문화 생명과의 호흡, 즉 알맞은 교류와 수용을 거치면서 자라날 때 오래 지속될 수 있다. 티베트 천장 문화의 생명력이 오늘날까지 온전히 이어져 내려오는 것 역시 외래 문화와의 접촉과 응전을 통해서였다.

천장은 고대 원시 종교인 본교의 영향을 받았지만 8세기에 이르러 외래 종교인 불교와 접합하면서 오늘날의 천장 방식으로 변용되고 정착한다. 그런데 그 과정이 매우 흥미롭다. 토착 종교인 본교와 외래 종교인 불교의 200년간의 주도권 쟁패 끝에 결국 불교가 승리를 거두었기 때문이다.

본교는 서기 처음부터 755년까지는 줄곧 흥성했다. 송첸캄포가 불교를 도입한 이후에도 본교는 왕의 좌우에서 여전히 특별한 지위를 누렸고 티베트 정치의 절대적 중심이었다. 본교에서 신의 대리인으로 여겨지던 무사의 결정이 곧 왕의 결정이 되었다.

티베트 사회는 노예제 사회였다. 많은 수의 노예를 가진 지주들은 연합을 이루어 사회를 통치했다. 지주의 우두머리가 첸푸지만 실질적인 권한에는 한계가 있었다. 그러던 차에 송첸캄포라는 현명하고 진취적인 왕이 나타난다. 그는 티베트 고원에 처음으로 통일 왕조를 세웠고 행정 제도를 정비했으며 중원의 실력자 당나라와 외교 관계를 맺어 토번의 세력 범위를 넓히며 위세를 과시했다. 하지만 왕조 내부에서는 힘의 한계를 느끼고 있었는데, 바로 본교도의 위세 때문이었다. 오랫동안 정권 내에서 막강한 힘을 구사해온 본교 세력은 왕의 결정에 일일이 간섭했고, 자신들의 이익에 부합되지 않으면 협조하지 않았다. 뛰어난 지략과 현명함을 갖춘 송첸캄포였지만 혼자서 본교 세력과 맞서 나라를 이끌어가기에는 힘이 부쳤다. 그래서 종교개혁이라는 파격적인 카드를 꺼내들었다. 이 종교개혁 부분은 본교와 불교의 쟁패에서 집중적으로 설명하겠다.

8세기 말엽 티베트의 두 번째 왕 치송데첸(赤松德贊, Khri-strong-Ide-btsan) 시기에 이르러 티베트 역사의 물결은 출렁이기 시작한다. 오랜 세월 동안 정치와 경제의 중심 역할을 수행해온 본교가 비로소 비참한 운명을 맞이하기 시작한 것이다. 치송데첸은 왕권 확립을 위해서 불교를 장려하고 본교를 억제하는 많은 조치를 강구했다. 특히 치송데첸이 당시 인도 현밀교의 최고봉인 파드마삼바바(蓮花生) 대사를 티베트로 초청한 것은 본교의 입장에서는 매우 난감한 상황이었다. 파드마삼바바의 불력(佛力) 앞에 본교의 권위는 크게 추락했다.

왕의 적극적인 장려 속에 불교가 대규모의 체계적인 번역 사업을 펼치자, 본교 역시 그들의 경전을 정리·번역하여 불교의 이론적인 공세에 대응하고자 노력했다. 토착 종교인 본교와 외래 종교인 불교 간의 대립이 갈수록 심해지자 치송데첸 왕은 본교와 불교의 최고 법력가들을 초청하여 변론대회를 개최했다. 이는 본교를 밀어내기 위한 묘안이었다. 여기서 본교의 고승들이 패하자 왕은 본교 승려들을 티베트의 변방인 샹슝 지방으로 쫓아버리고, 본교 경전을 전부 수집하여 여러 곳에 파묻어버렸다. 또한 살아 있는 사람이나 죽은 사람을 위한 제사에서 본교식의 살생을 금지시켰다. 절대 권력이었던 본교가 몰락하는 사건이었다. 이는 왕이 이렇게 하지 않으면 안 될 정도로 당시 본교가 흥성했고 권력이 막강했음을 보여주는 사례이기도 하다.

이러한 사건이 본교의 완전한 멸망과 퇴장을 의미하는 것은 아니다. 본교와 불교는 200년 동안 서로 투쟁하고 마찰을 일으켰지만 이 시간은 그들로 하여금 한층 더 성숙할 수 있는 개조와 반성의 시간을 주기도 했다. 본교는 티베트 불교와 타협점을 찾기 위해 몇 단계에 걸쳐 변화했지만, 그것은 자신의 근본을 변화시키는 것이 아니라 오히려 자신의 내용을 더욱 충실히 다지는 과정이 되었다.

티베트에서 불교는 토착 종교인 본교보다 뒤늦게 자리 잡았지만 그 영향력은 더 컸다

토번 왕조에서 랑다르마는 매우 파격적이면서 불행했던 왕이다. 841년 랑다르마는 국왕에 등극하자 이미 티베트에서 자리를 잡은 불교를 오히려 탄압하기 시작한다. 이것이 이른바 티베트 왕조 흥망사에서 말하는 '랑다르마 멸법훼불(滅法毁佛) 사건'이다. 치송데첸 시기부터 본격적인 국책사업으로 시행된 불교 제창운동은 티베트 사회의 마찰과 갈등을 불러왔다. 많은 자금이 불교를 부흥시키는 데 쓰였고 놀고먹는 라마승이 크게 늘어났기 때문이었다. 정치적으로는 불교가 토착 종교인 본교의 자리를 대신했으며 라마승은 새로운 특권 계층이 되었고, 이러한 상황은 티베트 민중의 불만을 폭발시키기에 충분한 환경이었다. 이때 일부 귀족들은 혼란한 정세 속에서 왕이 술에 취한 틈을 타 목 졸라 죽이고 국왕의 동생인 랑다르마를 왕으로 내세웠다. 랑다르마는 원래 본교의 대표적인 숭배자였기에 과거 본교의 부흥을 그리워하는 세력과 연합하여 왕이 되자마자 즉시 불경을 불태우고 사원을 탄압했다. 고위 라마승은 죽이고, 중간층 라마승은 변방지역으로 유배 보냈으며, 하위 라마승은 환속시켜 세금을 부담시켰다. 랑다르마의 멸법 사건은 티베트 불교사를 나누는 단대사(斷代史)의 경계가 되었다. 이 사건을 기준으로 티베트 불교사를 전홍기(前弘期)와 후홍기(後弘期)로 나누게 된다. 이 사건은 티베트 왕조의 전면적인 붕괴를 가져오는 계기가 되었다.

티베트에 불교가 전래된 시기는 대략 7세기인 송첸캄포 시대로 공인되고 있다.[53] 그런데 불교가 티베트 사회에 처음 들어올 무렵, 기득권층인 본교 세력의 견제와 압력은 실로 대단했다. 티베트 사회에서 이 신구의 종교 전쟁은 향후 200년 동안이나 계속되었는데, 결국 불교는 200여 년간의 피비린내 나는 전쟁 끝에 토착 종교인 본교를 밀어내고 티베트 사회의 주류 신앙으로 안착하게 되었

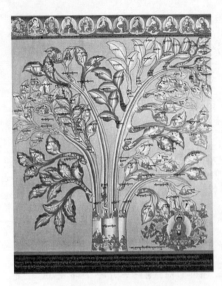

영혼의 나무. 영혼의 존재를 중시하고 윤회를 믿는
티베트인들은 고단한 현재의 삶보다 다음 생에서의
삶이 더 중요하다고 보았다

다. 강력한 장악력으로 티베트 사회를 좌지우지했던 본교는 외지에서 들어온 불
교에게 밀려났고 이러한 현상은 천장 문화에도 영향을 주었다.

본교는 티베트에서 왕권이 확립되기 전에 이미 사회의 중추 세력을 형성하고
있었다. 본교는 경제력이 풍부한 귀족 세력의 지원과, 민간에서도 조건 없이 고
집스러운 지지를 받고 있었다. 본교가 추구하는 사유 체계가 일반인들에게 대단
히 매력적이었기 때문이었다. 본교는 세상을 신과 인간과 귀신의 세계로 삼등분
하여 삼자의 관계에서 인간의 길흉화복이 이루어진다고 인식했다. 본교는 고대
티베트 사회에서 토장 풍속[54]과 제사, 점괘 등에 있어서 매우 중요한 역할을 담
당했고, 상장 의식에서 주도적인 역할을 했던 무사가 출현한 이후 티베트 사회
는 본교의 영향 아래 놓여 있었다. 그러나 시간이 지남에 따라 본교의 경직된 신
앙 체계와 살벌한 의식은 티베트인들에게 부담과 공포가 되었다. 특히 본교의 장

천장사가 잘게 조각낸 뼛조각들

례 방식은 매우 살벌한 피의 향연이었다.

　7세기에 티베트에 들어와 초반에 본교의 막강한 세력에 밀리던 불교는 체계적인 이론과 교의를 바탕으로 점차 티베트의 지식층과 일반인들에게 퍼져나가기 시작했고, 본교를 지지하던 귀족 계급과 왕들이 차츰 본교에 등을 돌리기 시작했다. 그 주된 이유는 본교의 교의와 종교 의식이 살생을 전제로 하는 피의 향연이었기 때문이다. 그러나 불교는 살생을 배제하고 이론 체계를 앞세워 피를 부르지 않고도 영혼을 안전하게 존속시킬 수 있는 방법을 다각도로 제시했다. 본교도는 매년 수많은 양과 소를 잡아야 하는 등 물질적 요구가 만만치 않았다. 안정된 통치와 재정 낭비를 걱정한 티베트의 법왕 송첸캄포는 결국 본교를 배척하고 불교를 장려하기로 결정했다. 물론 송첸캄포 왕이 한족의 문성 공주와 결혼을 하면서 불교에 관심을 가진 것도 불교 장려의 원인 중 하나일 것이다. 고대 티베트 사회를 하나의 '영혼 공동체'로 이끌어왔던 본교는 이 시기를 기점으로 불교와 정권을 교체하는 아픔을 감내해야 했다.

　초창기 본교가 천장 문화의 형성에 많은 영향을 준 것은 분명하다. 그러나 불교가 본교의 역할을 대신한 후 티베트 사회 전반에 미친 영향은 본교보다 더 광범위하고 세밀하다. 불교는 티베트의 장례 문화에도 새로운 시각을 제공해, 불교가 전래된 이후 티베트 사회에서는 화장이 유행하기도 했다. 그러나 앞에서 설명했듯이 연료 부족과 비용 문제 때문에 원한다고 아무나 화장을 할 수는 없었다. 대다수의 티베트인들은 여전히 천장을 선호했다. 불교는 천장 문화에 헌제와 인제를 배제한 불살생과 '윤회'라는 세계관을 정착시켰고, 티베트의 사유 체계인 환생설에 더욱 힘을 실어주었다. 불교는 초기의 천장 문화에 새로운 가치관과 행위 의식의 모델을 제시한 것이다. 결론적으로 초창기 원시 종교인 본교가 자연 천장에서 인간의 천장으로 승화시키는 데 일조했다면, 불교는 인간 주도의 천장 행위에 종교적 의미와 내면적 가치를 불어넣는 데 공헌했다고 볼 수 있다.

제3장
천장의 장법

세계의 어느 인종, 민족을 막론하고 상장례 풍속은 존재한다. 삶과 죽음을 가르는 이 통과의례는 기본적으로 인간의 존재론적인 물음에 답하는 것이기 때문이다. 풍토와 역사에 따라 민족마다 다른 장례 풍속은 해당 민족의 사유 체계와 우주관을 반영한다. 또 상장례 풍속은 오랜 공동생활의 관습이기 때문에 집단 구성원 사이에 동일한 '생명공동체'라는 믿음을 공유하게 한다.

즐궁 사원 앞마당의 시체와 망자의 가족들. 시신을 흰 천으로 감싸고 마대로 포장한 후 사원에서 하룻밤을
보내고 다음 날 이른 아침에 천장대로 옮긴다

1. 천장의 장법

티베트인들의 삶은 20세기에 들어서면서부터 티베트를 방문한 학자와 탐험가 들에 의해 본격적으로 세상에 알려지기 시작했다. 처음에는 속세의 때를 타지 않은 티베트의 원시적 외관과 그곳에 거주하는 티베트인들의 주거 환경에 관심이 집중됐다. 그러나 시간이 갈수록 호사가들은 더욱더 자극적이고 새로운 것을 원했고, 이에 호응하듯 탐험가들은 그 무언가를 찾아 여기저기 헤맸다. 그러던 중 그들을 경악시키는 현장을 발견했다. 어린 송아지만 한 독수리가 시체를 깔끔히 먹어치우는 티베트인의 장례 의식, 소위 '조장'이었다.

이는 20세기에 발견한 어떤 문화 유적보다도 '특종'이었다. 우주 정거장이 건설되고 생명을 복제하는 이 시대에, 인간의 육신을 잘게 부수어 독수리에게 먹이는 장례 의식이라니. 물론 그들 또한 천장 의식의 전 과정을 카메라에 담을 수는 없었다. 운이 좋거나 물질적 로비가 성공하여 자극적인 사진 몇 장을 건질 수는 있었으나, 그 과정을 온전히 담아내기에는 티베트인들의 저항이 매우 컸기 때문이었다. 그러나 엽기적인 시체 해부의 현장이 몇 장의 사진과 함께 외부 세계에 알려지자 파장은 대단했다. 민간인들의 호기심은 물론이고 티베트 연구자들 또한 연구 영역이 기존의 역사나 정치 이론 중심에서 민속학이나 인류학의 현장 답사로 세분화되는 경향을 보이기 시작했다. 이는 중국 학자들에 의해서만 조심스럽게 진행되었다. 서방 세계나 아시아권의 학자가 직접 현장을 답사해 천장 의식을 체험하기란 거의 불가능했다. 중국 정부의 강력한 저지와 티베트 민족의 반감이 매우 강했기 때문이다. 다음은 천장에 관련한 기존의 이론과 나의 현장 답사를 토대로 서술한 장법 의식의 순서이다.

(1) 준비

천장의 과정은 지역별로 차이가 있으나 대체로 다음과 같이 진행된다.

일단 사람이 사망하면 가족들은 망자의 옷을 모두 벗긴다. 시체를 끈으로 묶어 앉아 있는 자세로 만든 다음, 흰 천으로 전신을 감싸고 마대로 포장한다. 유해는 대개 사흘 정도 집 안에 모셔놓는데, 경제력이 되는 집안은 매일 라마승을 초빙해서 죽은 사람을 위해 불경을 읽고 제도(濟度)한다.

나흘째 새벽에 망자의 가족이 고용한 운반원이나 친척이 시체를 등에 매고 천장터로 향한다. 집에서 의식 장소가 너무 멀리 있는 경우에는 친지들이 와서 미리 예약해둔 차에 실어 가거나 들것으로 운반하기도 한다.

운반된 시체는 천장터 중앙에 있는 커다란 돌 앞에 조심스럽게 내려놓는다. 이때 시체 운반 도우미 중 한 명은 미리 현장에 도착해서 차를 끓여놓아야 한다. 시체를 힘들게 나른 사람들과 현장에 있는 해부사에게 차와 음식을 대접해야 하기 때문이다. 게다가 해부대 주위에 향도 피워놓아야 한다. 일반적으로 미리 준비해간 송백향[55] 더미나 야크 배설물에 불을 피운 다음 쌀, 보리, 겨를 불 위에 뿌려 짙은 연기를 만들어내는데, 이는 어딘가에서 떠돌고 있을 신조(神鳥) 독수

송백향 더미나 야크 배설물에 불을 피운 다음 쌀, 보리, 겨를 뿌려 연기를 낸다. 신조(神鳥) 독수리를 부르기 위한 것이다

리를 부르기 위한 것이다.

향냄새가 천장터를 가득 메우고 사방에 퍼지기 시작하면 정말 신기하게도 천공에 하나둘씩 독수리가 날기 시작한다. 향은 독수리에게 보내는 신호다.

(2) 의식

본격적으로 해부를 시작하기 전, 망자 가족의 경제적 능력에 따라 사원에 거주하는 주술 전문 라마승이 초대된다. 주관하는 사원에 있는 주술사가 부재중일 경우에는 근교에 있는 다른 사원에서 출장을 오기도 하고, 해부사가 직접 간략하게 주술을 낭독하기도 한다. 정식으로 해부가 시작되기 전 대략 삼십 분 정도 주술을 낭독한다. 망자에 대한 고별사인 셈이다.

주술사가 특유의 저음으로 웅얼거리고 나면 곧바로 해부를 시작한다. 이때부터는 모두 긴장하고 조심해야 한다. 혹여나 경박한 웃음소리, 울음소리로 망자의 영혼에 누를 끼치면 안 되기 때문이다. 해부를 막 시작하는 이 시점이 제일 숨 막히는 순간이다. 가족과 참관자 모두 말없이 해부사의 손놀림만을 지켜볼 뿐이다.

오늘의 연출자인 해부사(천장사)들은 준비해온 포대에서 칼, 도끼와 큰 망치를 꺼내 시체 옆에 가지런히 놓아둔다. 그중에서 얇고 반달처럼 생긴 칼은 살을 도려내기 위한 칼이고, 두껍고 곧은 칼은 뼈를 자르기 위한 것이며, 도끼와 큰 망치는 해골 및 큰 뼈를 잘게 부수는 데 이용된다.

(3) 해부

해부사의 습관이나 현지 상황에 따라 해부 순서는 달라질 수 있으나[56] 일반적

천장사가 쓰는 도끼. 해골이나 큰 뼈를 잘게 부수는 데 사용된다

으로는 다음과 같다.

우선 천장사는 입으로 웅얼웅얼 낮게 소리를 낸다. 마치 사자(死者)를 위해 기도하는 것 같기도 하고 노래를 부르는 것 같기도 한데 가축을 잡을 때도 이런 모습을 볼 수 있다.

메인 천장사가 칼로 돌을 한 번 두드리고 나면 곧바로 아주 숙련된 동작으로 시체 해부를 시작한다. 먼저 사자의 머리카락을 잘라낸 후, 예리한 칼로 시체의 등에다 본교의 상징을 그린다.

그런 다음 등뼈 윗부분에서 아랫부분까지 칼로 일자로 베어 양쪽으로 절개해서 살을 조금씩 도려낸다. 사지까지 절단하면 보조 천장사도 일을 시작한다. 각자는 사지를 최대한 잘게 토막 내어 살과 뼈로 분리한 다음 팔다리의 큰 뼈는 도끼와 큰 망치를 사용해서 잘게 부순다.

천장 의식 후 많은 시일이 지나지 않은 듯한 상태의 아래턱과 손

척추 부분을 잘게 부순 흔적이 남아 있다. 옆에 보이는 독수리의 깃털은 독수리들이 시체를 먹을 때 얼마나 치
열했는지 보여준다(왼쪽 맨 위)
크고 평평한 돌 위에서 시체를 크게 나눈다(왼쪽 두 번째)
두개골 일부와 가위. 가위는 머리털과 내장을 자르는 데에 사용된다(왼쪽 세 번째)
들판에 버려진 아래턱뼈. 원래는 이것조차도 망치로 부수어야 한다(왼쪽 맨 아래)

살점만 도려내어 독수리와 까마귀에게 보시하고 그대로 들판에 방치한 뼈

먼저 독수리가 시신으로 배를 채우고 나면 까마귀들이 잔부스러기를 먹는다(오른쪽 맨 위)
몸통 부분. 내장을 비롯한 살점 부분은 새들이 먹기 좋게 발라낸 후 조각내기 때문에 이렇게 뼈만 남는다(오
른쪽 두 번째)
사람의 머리카락이 붙어 있는 머릿가죽(오른쪽 세 번째)
두개골과 발 일부(오른쪽 맨 아래)

사지 절단 작업이 일단락되면 시체를 다시 뒤집어서 이제 머리 부분과 상체 앞부분 작업에 들어간다. 사지가 없어진 상체는 놔두고 먼저 얼굴의 살과 오관 (눈, 코, 입, 귀, 피부)을 뼈에서 발라낸다. 특히 눈알은 독수리가 가장 좋아하는 부위라고 한다.

이어 천장사가 두피의 뼈와 가슴 근육을 발라낸 다음, 한 칼로 강하게 내리쳐서 상체 앞가슴을 절개해 내장을 꺼낸다. 이미 천장대 주위에는 독수리 떼와 까마귀 떼가 인육의 냄새를 맡고 날아와, 앞으로 있을 진수성찬을 한쪽에서 조용히 기다리고 있다.

그 다음은 복부다. 배를 갈라서 내장을 들어내고 팔, 다리, 어깨 순으로 육신을 사정없이 잘라낸다. 피가 튀고 사지가 분해되어 나뒹군다. 그러고 나서 머리 껍질을 벗기는데 머리털은 맨 나중에 유골과 함께 불에 태워 주변에 뿌린다. 큰 덩어리로 나누어진 육신은 또다시 잘게 부수는 섬세한 작업으로 넘어간다. 이 부분은 천장사가 보조 천장사(두세 명가량)에게 시키는 경우도 있고 혼자 다하는 경우도 있다.

내가 참관한 즐궁 사원의 천장터는 시체가 많아서 그런지 두 명의 보조 천장사가 있었다. 잘게 부순 육신은 티베트인들의 주식인 참파와 먹음직스럽게 잘 버무린 뒤 천장대 주변에 고루고루 뿌린다. 냄새는 바람을 타고 금세 사방에 진동한다. 보통 처음 이 냄새를 맡는 이방인은 온몸의 감각이 순간 움찔함을 느낀다. 그러나 얼굴을 찌푸려서는 안 된다. 그것이 현장에 참여하게 해준 망자의 가족에 대한 최소한의 예의다.

냄새가 역겨울수록 독수리들에게는 향기로운가 보다. 천장사의 신호가 떨어지기 무섭게 대기하던 독수리들이 뒤뚱뒤뚱 달려들어 게걸스럽게 먹어치운다. 독

수리들이 달려드는 속도는 공포스럽기까지 하다. 200여 마리에 가까운 독수리 떼가 잘게 부수어진 시체를 에워싸고 예리한 부리로 조각난 인육을 씹어 삼키는데, 어떤 놈들은 서둘러 살점부터 먹고 어떤 놈들은 산산조각 난 뼈부터 먹는다.

독수리들이 정신없이 식사하고 있을 때 천장사는 또 다른 일을 하기 시작한다. 시체의 머리를 망치질할 때 쏟아진 뇌수를 미리 태워놓았던 뼛가루와 함께 한쪽에 뿌려놓는데, 이것 또한 독수리들이 말끔히 먹게 해야 한다.

독수리가 인육을 다 먹고 나서 하늘로 날아가면 까마귀 떼가 나머지 찌꺼기를 깨끗하게 먹어치운다. 새들이 망자의 육신을 깨끗이 먹으면 먹을수록 망자의 가족들은 좋아한다. 망자의 영혼이 더 낮게 환생하리라 믿기 때문이다. 경제적으로 넉넉한 망자의 가족은 두세 명의 라마승을 더 초대하여 간단한 마무리 의식을 진행하기도 한다. 이렇게 해서 모든 육신이 깔끔하게 없어지면 비로소 천장 의식이 끝난다.

(4) 마무리

의식이 끝난 다음 천장사는 흐르는 물에 손과 얼굴을 씻는데, 흐르는 물이 없을 경우 준비해간 물에 손과 얼굴만을 간략하게 씻는다. 어떤 지역에서는 작업이 끝난 천장사들이 시체를 싸온 포대나 망자의 의복으로 손을 닦기도 하고, 어떤 천장사들은 자기의 소변으로 손에 묻은 혈흔을 씻어낸다고도 한다.

천장사들의 옷가지와 신발들. 의식을 마친 후 피가 많이 묻어 있으면 벗어서 태운다

천장사가 손과 몸을 씻고 천장터의 그늘진 공간에서 휴식을 취할 무렵, 망자의 가족들은 감사의 표시로 준비해온 각종 음식물(수요차, 술, 참파, 떡 등)을 정성스럽게 대접한다. 남는 음식은 모두 천장사의 몫이다.

전통적으로 천장은 시체의 운반을 도와준 도우미들인 망자의 가족이나 친지들 외에는 참관할 수 없다. 이는 고대부터 내려온 불문율이지만 최근에는 외부인들에게 개방하기도 한다.[57] 이렇듯 천장은 지역에 따라 형식과 내용에서 크고 작은 차이를 보이고 있으나 대체로 위와 같은 순서로 진행된다. 내가 직접 참관한 즐궁 사원의 천장 의식도 정도의 차이는 있으나 비슷했다. 이제 900년의 역사와 전통을 가진 즐궁 사원에서의 천장 체험에 대해 서술하겠다.

천장 의식에 사용되었던 도끼와 망치, 천과 끈 등이 널브러져 있다

2. 천장 탐방

즐궁 사원[58]은 라싸에서 버스로 여덟 시간 정도 걸리는 모주공카현에 있는데 해발 5,100미터 높이에 있어, 하늘과 가장 가까이 있다는 뜻으로 '하늘사원'이라고도 불린다. 이 사원은 티베트 불교 4대 종파 중 하나인 카규파(喝擧派, bka-brgyud-pa)의 핵심 도장으로 이 지역의 티베트인들에게 전통 종교 의식의 지속적인 활동과 신앙의 근거지로 추앙받고 있다. 그러나 위치 때문인지 수백 년 동안 일반인들은 쉽게 접근하지 못했다. 간혹 학술 탐사단이나 신앙 차원에서 개인적으로 방문하는 경우는 있었으나 라싸의 겔룩파(格魯派, Dge-lugs-pa) 사원인 쎄라곤빠(色拉寺, Sera ghen-ba)[59]와 제붕곤빠(哲邦寺, Drepung ghen-ba)[60]의 지명도에는 한참 못 미쳤다. 그러던 중 1990년대에 몇 명의 서양인들이 몰래 촬영한 몇 장의 사진으로 갑자기 알려지기 시작했다. 이 사진이 바로 고대로부터 전통적으로 내려온 천장 의식을 촬영한 것이었다.

(1) 즐궁 사원

종교가 곧 삶 자체인 티베트에서 불교 사원은 현대 도시의 24시간 편의점처럼 곳곳에 존재한다. 아무리 황량한 산지나 대초원일지라도 마을이 있는 곳이면 티베트어로 '곤빠(寺院, ghen-ba)'라 불리는 크고 작은 불교 사원을 반드시 발

즐궁 사원 가는 길. 티베트는 평균 해발고도가 4000미터 정도 되기 때문에 평지와는 전혀 다른 환경을 갖고 있다. 라싸에서 다른 도시로 가는 길은 매우 불편하며 상황에 따라서는 매우 위험하기도 하다(위)
즐궁 사원의 행정 건물. 관광객이나 순례객들에게 사원을 소개하고 초대소를 안내하며 사원의 중요한 회의를 주관하는 장소다(아래)

900년 역사를 자랑하는 즐궁 사원의 전경

견할 수 있다. 불교 사원은 티베트인들에게 매우 중요한 역할을 하고 있다. 편의점이 현대인들에게 24시간 언제든지 편리함을 제공하고 있는 것처럼 불교 사원은 티베트인들에게 언제든지 영혼의 편안함을 제공한다.

밤하늘의 별처럼 무수히 많은 티베트의 사원 중에 내가 즐궁 사원을 선택한 이유는 지금까지의 티베트사(藏族史) 연구가 대체로 성공한 정권의 입장과 안목에서 서술되었기 때문이다. 이러한 예는 사카파(薩迦派, Sa-kya-pa) 정권이나 겔룩파 정권의 흥기와 성공에 대한 기술을 들 수 있는데, 카규파 정권같이 잠시 세력을 잡았다가 정권 싸움에서 패하여 변경으로 물러난 종파[61]는 거의 학술적으로 연구되지 않은 실정이다. 하지만 티베트 역사에서 카규파가 가지는 의미와 영향력은 무시할 수 없다. 비록 정권 싸움에서 밀려 라싸가 아닌 변경으로 물러났으나 즐궁 사원처럼 절대적인 구심력을 가지는 핵심 사원을 보유하고 있고 아직도 많은 신도들이 있다는 사실이 현장 답사의 의미를 부여했다.[62]

또 티베트 불교 사원의 탐방은 현대화와 개발의 물결 속에서 전통적 사원이 어떻게 적응하며 체제 변화를 시도하는지 엿볼 수 있는 좋은 기회였다. 라싸의 유명한 겔룩파 사원인 쎄라곤빠와 제붕곤빠는 이미 오래전에 현대화되어 답사 장소로는 의미가 덜할 수밖에 없었다. 도심에 있는 거대 사원보다는 비교적 열악한 환경에서 명맥을 유지해온 전형적인 티베트 사원에서 변화의 면모를 온전하게 관찰할 수 있기 때문이다.

더욱이 현대 라마승들의 가치관을 점검하고 확인하는 올바른 방법 중의 하나가 그나마 전통과 역사를 온전히 보존하는 불교 사원에서 장기간 투숙하는 것이다. 라마승과 일대일 인터뷰를 하며 그들의 가치관, 세속 사회와의 교류와 역할 등을 고찰할 수 있다. 무엇보다 그들이 현대화 물결에서 직면하고 있는 현실적

곤경을 탐색할 수 있다는 기대감도 작용했다. 이와 같은 생각과 기대감으로 나는 1179년 건립 이후 현재까지 티베트 불교 카규파의 핵심 도장인 즐궁 사원을 답사하기로 했다.

그러나 이 이유들 외에 무엇보다도 이 사원에 집착한 이유는 사원 내에서만 비밀스럽게 전수된다는 영혼 전송 의식과 세계 3대 천장터의 하나인 '즐궁 천장터'에 대한 호기심 때문이었다.

⑵ 전통 의식의 보존

티베트의 대표적인 불교 사원들은 저마다 독특한 전통 의식과 종교 집회를 정

기적으로 주관한다. 이것은 사원과 민간인들의 정신적 교류를 위한 문화적 제도이고 영혼의 단결을 도모하는 중요한 축제이기도 하다.

즐궁 사원 역시 즐궁 카규파의 핵심 도장으로서 오래전부터 이 종파만의 특별의식을 진행해왔다. 특히 즐궁 사원이 주목받는 것은 오늘날까지 천장 의식을 거의 완벽하게 전수해오고 있고 거대한 천장터를 온전히 유지하고 있기 때문이다. 사원의 독특함 때문에 순례객이 몰리지만 중국 정부의 감시 탓에 이방인들이 이 사원에서 장기간 거주하는 것은 아주 어려운 일이다.[63]

즐궁 사원은 티베트 전 지역을 통틀어 현존하는 최대의 천장터와 원시적 천장의식을 보유하고 있다. 다른 사원과 구별되는 이 사원의 전통은 지정된 천장 의

마얼캉 마을의 쎄창곤빠. 사원은 대개 마을의 중심부에 위치하고 있다

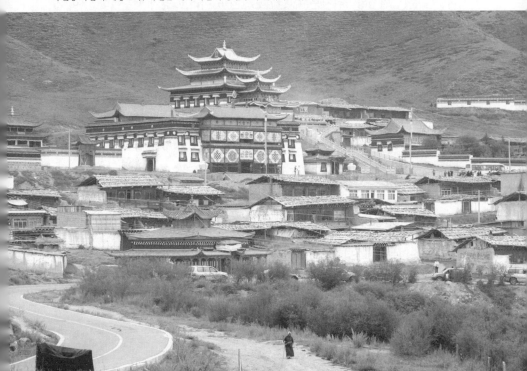

티베트 불교 사원의 지붕.
지붕 위의 야크는 풍요로움과 영적
인 자유를 상징한다

식 전날 이 사원 안의 라예(拉耶, Lha-Iye) 경당원 앞마당에 시체를 하룻밤 방치
한 후 다음 날 동이 틀 무렵 천장터로 옮기는 것이다. 경당원이 현생의 악업을 끊
어주는 문〔단멸생왕악취지문(斷滅生往惡趣之門)〕이라고 믿기 때문이다.[64] 이 경
당원은 역사적으로 카규파의 초대 활불이었던 니마린보체(顚律尼瑪仁波切)[65]가
친히 불법을 전파하던 장소이고 즐궁 사원의 역대의 법왕(法王)들 역시 경전과
교법을 설파하던 성스러운 법당이다.

즐궁 사원이 세간의 이목을 끄는 또 다른 이유는 이 사원에서만 독특하게 거
행되는 '포와(頗瓦, Powa)'라는 밀교 의식에 있다.[66] 포와는 티베트어로 '이동'
혹은 '전이'의 의미를 가지고 있는데, 카규파는 전통적으로 이 포와 의식을 매우
중요하게 여겨왔으며, 즐궁 사원이 대표적인 비밀 수행의 현장이었다.

그렇다면 포와란 무엇인가? 사람은 죽음이 다가오면 몸 전체의 기(氣)와 온
도가 변화하는데, 가장 먼저 수족(手足)이 차가워지기 시작한다. 그리고 그 기운
은 심장부로 천천히 이동한다. 마지막에 심장의 온기가 끊어지면 온몸이 굳기

시작한다. 포와법은 이러한 상태를 스스로 정확히 파악하여 수양으로 다져진 방법으로 이 기운을 바람직한 곳으로 이동 혹은 전이시킨다는 개념이다. 티베트인들은 포와법을 잘 수행한 고승은 스스로 자기의 영혼을 주재할 수 있으며, 다음 생의 태생도 주관할 수 있다고 믿는다.

이런 경지에 오르는 것은 모든 카규파 신도들의 이상이지만 이 수행법을 단시간 내에 완성하기란 불가능하다. 일반 신도들도 포와법을 수행할 수 있으나 집중하여 장기간 훈련해야 하고 밀교의 특성상 개인 지도 선생이 있어야만 가능하다. 그래서 일반인들은 사원의 잘 훈련된 고승에게 위탁하여 망자의 영혼을 안전한 곳으로 '이송'하거나 다음 생을 바람직한 곳에서 '태생'하도록 돕는 것이 관례이다.

일반적으로 포와법의 수양 방법은 매우 다양하며, 티베트 불교의 각 종파마다 조금씩 다르기에 한 번에 일괄적으로 설명하기에는 난해하다. 파드마삼바바는 죽음의 의식을 묘사하는 부분에서 포와를 다음과 같이 설명하고 있다.

대개 '의식체'를 분리하는 과정은 영적 스승, 곧 의식체를 빼내는 사람의 도움이 없을 경우 사흘 반 내지는 나흘이 걸린다. 그리고 비록 영적 스승이 의식체를 빼내는 데 성공했다 할지라도 사자(亡者)는 대개 앞에서 말한 기간이 지날 때까지는 자신이 인간의 몸으로부터 분리되었다는 사실을 깨닫지 못한다. 영적 스승은 도착하자마자 사자의 머리맡에 놓인 방석이나 의자에 앉는다. 그는 애통해하는 모든 가족과 친척들을 방에서 내보내고 방문과 창문을 닫는다. 올바른 포와 의식을 행하는 데는 침묵이 절대적으로 필요하기 때문이다. 이 의식에는 사자의 영혼을 극락세계로 인도하는 신비한 염불이 포함되며, 이때 사자는 카르마가 허락할 경우 사후의 중간 상태에서 곧바로 탈출해 영원한 자유에 이른다. 사자의 영혼에게 육체를 떠날 것을 지시하고, 살아 있는 친척들과 재물에 대한 집착을 버리게 한 뒤에 스승은 사자의 머리 정수리에 있는 두개골 봉합선을 살핀다. 이곳은 두 개의 머리뼈가 만나는 곳으로 이른바 '브라흐마의 구멍'이라고 불린다. 영혼은 이 구멍을 통해서 육신을 빠져나가야만 한다. 스승이 이곳을 살피는 것은 그것을 확인하기 위해서다. 그리고 만일 이때 죽은 자가 대머리가 아니라면 스승은 그 구멍 부위에 있는 머리카락 몇 가닥을 똑바로 잡아당긴다. 만일 사고나 그 밖의 일로 시신이 없다면 포와를 행하는 스승은 깊은 정신 집중을 통해 사자의 시신을 떠올리고 그것이 눈앞에 있다고 상상한다. 그러고 나서 사자의 영혼을 부르면서 의식을 행하게 되는데, 이것은 대개 한 시간가량 걸린다.[67]

한편 '치파'라고 하는, 점성학에 정통한 영적 스승은 사자가 임종한 시간을 근거로 어떤 사람들이 시신에 접근해 만질 수 있으며, 시신을 처리하는 적절한 방법은 무엇이고, 장례식의 시기와 방식, 그리고 떠난 자를 위해 행해야 할 적합한 의식은 무엇인가를 알아내기 위해 임종점성(臨終占星)을 뽑는다. 그 다음에 시신을 앉은 자세로 묶는데, 이는 세계 여러 곳의 고대 무덤과 묘지에서 발견되는 해골이나 미라들의 자세와 같다. 이 자세는 태아 자세라고도 하는데, 이생으로부터 죽음 너머의 생으로 태어남을 상징한다고 한다.[68]

즐궁 사원의 라마승과의 인터뷰를 통해, 상당수의 티베트 민중이 이 사원의 독특한 포와 의식을 신뢰하고 있음을 알게 되었다. 다른 지역의 천장 의식에 비해 비교적 비싼 비용임에도 티베트인들이 이 사원을 찾는 이유는 바로 이 신비로운 밀교의 영혼 승천식과 라예 경당원의 전설 때문이었다.

포와 의식을 진행하고 있는 라마승들

활불의 영탑을 모서둔 경당원

(3) 천장터

천장터는 생명의 종점이자 기점이다. 생사윤회의 법칙으로 평등하게 심판되는 곳이며, 공포와 환희, 음산함과 열정이 병존하는 곳이고, 남루한 돌조각이 전부지만 천국으로 올라가는 유일한 통로, 그곳이 바로 천장터다.

티베트 전 지역에는 무수히 많은 천장터들이 존재하며 저마다 신비스러운 전설과 명성을 가지고 있다. 그런데 천장터라고 하는 이 공간은 즐궁 사원 이외의 다른 사원에서는 그다지 크지 않다. 대부분 돌무덤 몇 개와 제단 정도로 구성되어 있으며 들판에 돌무덤 하나만 달랑 있는 경우도 흔하다.

일반적으로 천장터는 사원에서 그리 멀지 않은 언덕이나 산꼭대기에 자리한다. 그러한 장소가 대자연의 정기를 올바로 흡수한다고 믿기 때문이다. 따라서 저명한 사원의 천장터는 대부분이 명당에 자리 잡고 있다.

즐궁 사원의 천장터는 세계 3대 천장터[69] 중 하나로 고유의 전통 의식과 현장을 온전히 보전 유지해온 곳으로 유명하다. 이 천장터는 일반적으로 '영생', '영원의 땅'이란 뜻을 가진 즐궁뗀짜(直貢典佳, bri-gnng-dian-jia)라고 불린다.[70] 이 천장터가 다른 천장터와 구별되는 점은 크게 두 가지다. 첫째, 오랜 역사와 신화를 유지하고 있다는 점. 둘째, 시체 처리 방법이 매우 원시적임에도 불구하고 청결을 유지한다는 점이다.

오늘날 천장의 가장 큰 문제점은 주변의 환경 유지, 즉 청결이다. 실례로 중국 간쑤성의 대표적인 겔룩파 사원인 라브렁스(拉卜楞寺)[71] 뒷산에 위치한 천장터는 악취와 환경 오염이 날이 갈수록 심해져 문제가 되고 있다.

즐궁 사원의 천장터는 고대로부터 사람들의 입소문에 힘입어 교통이 불편한데도 불구하고 쓰촨, 간쑤, 윈난, 칭하이 등지에서도 시체를 운반해오고 심지어

즐궁 사원의 천장터 주변

외국에서도 망자의 두발과 유골, 손톱을 보내오는 경우도 있다고 한다. 이런 유명세와 주변의 집중 때문인지, 즐궁 사원 천장터에 대한 중국 정부의 관심과 보호 정책도 주시할 만하다. 중국 정부는 즐궁 사원 천장터 주변의 환경과 원시 형태를 보존한다는 명분 아래 1990년대 초부터 외국인 관광객과 사진작가, 심지어 학자들까지 출입을 엄격하게 제한하고 있다. 1995년에는 중앙 정부의 적극적인 재정 지원 아래 천장터 곳곳에 사고 방지를 위한 난간을 설치하는 등 위험 요소들을 적극적으로 없애고 있다.

즐궁 사원 천장터 모식도

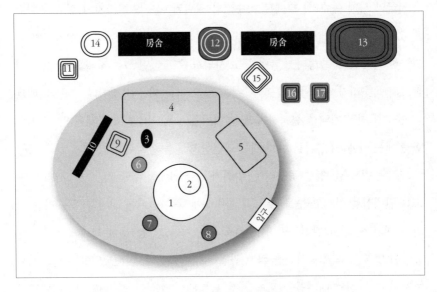

1. 딴치아(丹恰, Dian qia) : 금강 단상으로 해부식
   의 주요 제단
2. 주술 문구가 박힌 돌 제단
3. 인도로부터 날아 온 전설 속 개(狗) 발자국
4. 신단(神壇)
5. 초대 즐궁 사원 법왕(法王)—니마린보체(顬津尼
   瑪仁波切)의 발자국 흔적
6~8. 반월형 홍색의 돌 더미 제단
9. 향로

10. 마니 돌 더미
11. 알 수 없는 돌 제단들
12. 친리에난지에(欽烈南杰) 활불의 사리탑
13. 빠상린보체(巴桑仁波切) 활불의 사리탑
14. 니에뚠린보체(涅頓仁波切) 활불의 사리탑
15. 취지아린보체(‖甲仁波切) 활불의 사리탑
16. 차이딴린보체(才旦仁波切) 활불의 사리탑
17. 뤄칠바(洛赤巴) 라마승의 사리탑

즐궁 사원에 머무르는 동안 나는 매일같이 이 천장터를 방문했다. 사원 측의 엄
격한 통제와 감시 때문에 현장의 생동적인 모습을 사진과 동영상으로 담기에는
많은 어려움이 있었다. 그래서 천장터의 전체 풍경을 머릿속에 스케치해두었다
가 밤마다 몰래 라마승 친구의 도움을 받아가며 조감도를 완성했다.

(4) 공행모의 화신

천국의 사자 독수리! 티베트 독수리와 관련된 어느 인류학자의 섬뜩한 일화가 있다. 그는 말로만 듣던 티베트의 독수리를 가까이서 관찰하고 싶었지만 불가능한 일이었다. 그렇다고 총을 들고 사냥할 수도 없던 그는 잔꾀를 내었다. 티베트의 독수리가 시신을 먹는다는 것을 알고 이를 이용한 것이다. 그는 티베트의 유명한 천장 지역을 선택하여 몇날 며칠을 누워 지내면서 시체인 양 지냈다. 한 손에는 카메라를, 다른 한 손에는 단단한 밧줄을 움켜쥐고.

그러던 어느 날, 정말 독수리 한 마리가 하늘 위에서 뱅글뱅글 돌기 시작했다. 그는 인내심을 가지고 눈을 감은 채 완벽하게 죽은 연기를 해냈다. 독수리는 그가 시체인 줄 알고 달려들었다. 인류학자는 기다렸다는 듯이 잽싸게 독수리를 잡아서 밧줄로 묶고는 사진을 찍고 관찰하기 시작했다. 티베트인들의 입장에서 보자면 그는 신의 대리인을 포획한 것이었다. 이 소식이 인근 마을의 티베트인들에게 빠르게 퍼졌고, 흥분한 티베트인들은 달려와 독수리를 하늘로 날려 보내고 인류학자를 돌로 쳐 죽였다고 한다.

이러한 일화에서 알 수 있듯이, 티베트인들에게 '하늘의 대리인〔천응(天鷹)〕'이라고 여겨지는 독수리는 매우 중요한 존재다. 독수리는 고대부터 티베트인들이 지극히 숭상하는 동물 중 하나였다. 독수리에 관련된 고사나 독수리를 상징하는 문양이 새겨진 종교 예술에서 그 흔적을 발견할 수 있다. 지금도 티베트의 산 주변에 정돈된 '돌무덤〔마니석(瑪呢石)〕'이나 산 정상에 마련된 '깃발〔풍마기(風馬旗)〕', 그리고 불교 사원이나 궁전 벽화에 새겨진 그림들에서 독수리를 발견할 수 있다. 티베트 민족에게 독수리는 신성한 대상이요 신령스러운 상징물이다. 독수리는 그 무엇과도 대적할 수 없는 신비한 힘을 가진 정복과 평화의 상징으로 인식된다. 티베트어로 'Tgod' 인데 음역하자면 '고(古)'이다. 한족들은 '조(雕)'라 명명하며 서북 지역에서는 특별히 '고사(古查)'라고 부르기도 한다.[72]

티베트의 독수리는 흑색과 백색 두 종류로 구분된다. 일반적인 흑색 독수리는 티베트어로 '야콴낙보(黑鷹, ya-ken-nagh-bo)'라 하고 백색 독수리는 '야콴탕깔(白鷹, ya-ken-tang-ganr)'이라 한다. 설역 고원에서는 일반적으로 흑색 독수리를 더 많이 볼 수 있다. 티베트인들은 천장 의식 중 백색 독수리가 나타나면 이를 길조로 여긴다. 망자의 가족은 물론 의식을 주관하는 천장사와 주술사도 매우 기뻐한다.

독수리들은 천장사가 해부하는 도중에는 대체로 움직이지 않는다. 떼를 지어 움직이는 독수리 무리에는 우두머리가 존재하는데, 천장사의 신호가 떨어지면 우두머리 독수리가 먼저 달려와 먹기 시작한다. 독수리는 사람을 무서워하지 않으며 항상 큰 돌무덤 위에 떼를 지어 앉아 휴식을 취한다. 독수리는 시체뿐만 아니라 다른 죽은 동물들도 먹는다. 단, 산 것은 먹지 않는 습성이 있다. 독수리 떼의 숫자가 많으면 많을수록 천장터 주변에는 깃털도 많이 떨어진다. 천장사들은 이 깃털을 모아 티베트 여인들의 장신구를 만들기도 한다.

본교에서는 천장터 주변의 독수리들을 '천국의 사자[천신(天神)]'로 인식했다. 인간이 죽으면 영혼을 천국으로 안전하게 이송해주는 신성한 새라고 믿은 것이다. 이후 본교와의 세력 다툼에서 승리한 불교는 훗날 천장 의식에 더욱더 논리적인 이론을 불어넣었다. 당시 깨달음을 얻은 영적 지도자와 통치자들은 천장터 주변의 독수리들을 불교 고사에 나오는 '공행모(空行母)의 화신(化身)[73]'으로 믿어 의심치 않았다. 이 공행모의 화신이 확실하게 망자의 영혼을 바람직한 곳으로 전송하여 환생을 도와준다고 생각했다. 더욱이 망자가 불교의 '육도윤회(六道輪廻)'에서 가장 이상적인 계인 '인계(人界)'나 '천계(天界)'로 환생하게 해준다고 믿었다.

일반인들은 천장터에서 독수리를 볼 수 있지만 독수리가 죽는 것은 쉽게 보지 못한다. 독수리의 죽음과 관련해서도 전설이 하나 있다. 신의 사자인 독수리는 죽음이 임박하면 직감적으로 하늘의 태양 속에 전속력으로 뛰어든다고 한다. 독수리가 뜨거운 태양 속으로 빨려 들어가면 태양은 독수리를 집어 삼키고 용해시킨다. 이렇게 독수리는 천국으로 진입하는데, 그래서 천국의 사자인 것이다. 하늘로 비상하는 독수리들에게 먹히는 것, 그것은 영혼이 존재한다고 생각하는 티베트인들의 눈에는 천국에 들어가는 '통행증'과도 같은 것이다.

천장터 주변에서는 까마귀 떼도 볼 수 있다. 까마귀는 독수리가 날아들기 전 해부 현장에 먼저 찾아드는 습관이 있다. 이는 까마귀가 시체의 냄새를 먼저 알아차리기 때문이다. 해부된 시체를 독수리가 먼저 먹고 날아가면 까마귀 떼가 나머지 찌꺼기를 깔끔히 먹어 치우곤 한다.

(5) 천장사

천장사는 일명 해부사로 알려져 있다. 천장이라는 독특한 장례 문화가 알려지면서 사람들의 관심은 먼저 해부를 주관하는 사람에게 쏠렸다.

티베트의 천장 문화는 빼놓을 수 없는 세 가지 요소를 가지고 있는데 천장터, 천장사, 공행모(독수리)가 그것이다. 특히 천장사는 시체 해부를 직접 주관하는 핵심으로서 특별한 경우, 아래에 두 명의 보조 천장사를 둔다.

천장 경험이 풍부하고 천장사의 수양과 도덕성이 뛰어날수록 천장을 집행하

닝마뚜이. 돌무덤에도 종종 색색의 천들로 장식해둔 것을 볼 수 있다

는 현장에서 많은 신뢰를 받는다. 개인적인 약력이 신도나 망자의 가족에게 중요한 선택의 지표가 되기도 한다는 것이다. 티베트의 천장사가 갖추어야 할 기본 소양은 전통적으로 두 가지로 집약되는데 바로 개인의 희생과 육신의 수양이다. 이것은 천장사의 입장에서도 단순히 인간의 육신을 해부한다는 노동을 넘어서 육체와 영혼의 분리 작업인 시신 해부에 필요한 막대한 에너지를 뿜어내어 '오체투지(五體投地)' 이상의 육신 보시라는 원시적 수양에 비중을 두게 한다. 물질을 바라고 해부를 해주는 것이 아니라 자기 수양의 한 방편으로 삼아 땀 흘리고, 주술을 읽어주는 것이다.

나의 인터뷰에 응해준 즐궁 사원의 천장사 빤줴갸초(班覺嘉措)[74]는 자기가 생각하는 천장사의 기본 조건을 다음과 같이 피력했다. 첫째, 인육 해부를 절대 더

럽다고 생각해서는 안 된다(不能怕髒). 둘째, 재물을 탐내서는 안 된다(不能貪財). 셋째, 부단히 의학(藏醫學) 지식을 습득해야 한다.

그러나 환경과 시대가 변하면서 누구보다도 희생적이고 순수해야 할 천장사의 가치관도 변화를 보이고 있었다. 빤줴갸초는 과거와 현재 천장사의 가치관 변화를 설명해주었다. 그는 천장사라는 역할이 개인적 수양의 한 방편에서 이제 명실상부한 '직업'의 하나로 자리 잡고 있다면서 이것이 매우 유동적인 작업이라고 말했다. 과거 이 방면은 누구나 쉽게 할 수 있는 분야가 아니었으며, 엄청난 노동력에 비해서 저렴한 대가를 받는 개인 수양의 방편이었다. 일반인들이 그들을 바라보는 시각도 천차만별이었다. 그러나 현재 이 직업은 돈을 매우 잘 버는 직종의 하나다. 천장 의례를 원하는 티베트인들은 여전히 많은데 천장사가 날이 갈수록 부족하기 때문이다. 수요가 많아 돈은 많이 벌 수 있으나 오래 하기에는 힘든 일이라는 인식이 팽배해 있다고 한다. 요즘 신세대 천장사들은 삼 년에서 오 년 정도 돈을 벌다 떠난다는 것이다. 하지만 사원을 떠나는 이가 있는가 하면 천장사를 그만둔 후 사원에 남아 수행에 정진하는 승려도 있다고 한다.

빤줴갸초는 후자의 길을 걷고 있었다. 그는 천장사로 돈을 모아 지금은 사원 한구석에 자기 암자를 지어(암자 공사비는 5,000위안 정도로 우리 돈 60만 원가량) 공부에만 정진하고 있었다. 오 년간 천장사로 일한 덕분에 지금은 돈 걱정 없이 수행에만 전념할 수 있으며 평생 불교 공부를 계속할 비용을 모을 수 있었다고 설명해주었다. 빤줴갸초의 수행 방은 다른 승려들에 비해 호화로운 편이었다. 작지만 방이 두 개, 거실 하나가 있었고 먹을거리도 넉넉했다. 다른 승려들의 암자와 비교해보면 천장사가 경제적 부를 얼마나 축적했는지 가늠할 수 있

즐궁 사원의 천장사

쓰촨성 아바 티베트 자치구의 마을. 평화로워 보이지만 변화의 물결은 이곳에서도 일고 있다

었다.[75)]

　그런데 중요한 것은 빤줴갸초와 같은 전문적인 천장사는 극소수라는 사실이다. 대부분의 천장사와 보조 천장사들은 수도 라싸에 가서 장사를 하거나 다른 직종을 찾는다.[76)] 물질적 욕망이 아닌 헌신과 수양을 삶의 목표로 삼았던 천장사들이 이제는 돈을 삶의 중심에 두기 시작한 것이다. 현대의 천장사들에게 해부의 노동력은 이미 '보시'의 개념이 아니며, 천장사라는 직업은 단지 돈을 벌어 다른 것을 하기 위한 수단이 되어버렸다. 그들은 이제 사원에 소속되어 수행하는 승려가 아니라 돈을 버는 민간인이고자 한다. 경제력이 자신들의 신분을

바꿀 수 있음을 알게 된 것이다. 누구보다 희생적이고 수양에 정진했던 천장사들은 이제 설역 고원에서 사라져가고 있다. 천장 문화의 위기가 현실적으로 다가오고 있는 것이다.

제4장
전통과 현대, 문화의 공존

프랑스 영화감독 에리크 발리Eric Valli의 〈히말라야〉라는 영화가 있다. 전문 배우가 아닌 티베트인들이 출연한 이 영화는 대사의 대부분이 티베트어로 되어 있고, 티베트의 자연과 문화를 온전히 전달해 좋은 평가를 받았다. 영화는 전통과 현대의 만남에서 표출되는 신구(新舊) 집단의 대립과 갈등 그리고 해결을 대자연과 인간의 절묘한 화합으로 풀어내고 있다.

강족 마을의 티베트 노인. 전통을 지키고자 하는 노년층과 새로운 문물을 받아들이고자 하는 청년층 사이에 갈등이 일고 있다

영화 〈히말라야〉의 줄거리는 다음과 같다. 세상과 완전히 고립된 해발 5,000 미터의 두메산골에 조그마한 마을이 있다. 고대부터 대자연을 숭배하며 살아온 그들은 결속력이 매우 강했고 촌장의 결정에 절대복종해왔다. 마을에는 일 년에 한 번씩 중요한 행사가 있는데, 일 년 내내 준비한 소금을 야크에 싣고 히말라야 저편의 도시에 가서 식량과 생활용품으로 교환해 오는 일이었다. 이 행사는 이들에게 생존이 걸린 중요한 일이었다.

어느 날 촌장의 아들이 야크 떼를 몰고 히말라야를 넘다 죽고 만다. 겨울을 지낼 식량을 마련하기 위해 촌장은 다시 떠나기로 결정하지만 시기 문제를 두고 마을 청년 칼마와 충돌한다. 전통적인 방식을 고집하여 티베트식 점을 치는 촌장과 그런 낡은 관습에서 벗어나야 한다고 강력하게 주장하는 칼마 간에 대립과 갈등이 생겨난다. 결국 노년층과 청년층 두 편으로 나뉘어 각자의 방식대로 히말라야를 향해 떠난다. 젊은 칼마와 촌장의 여정은 명확히 구분된다. 칼마는 해와 달, 돌 등을 이용한 티베트의 전통 점을 믿지 않는다. 젊음의 상징인 열정을 갖고 전진할 뿐이다. 그러나 촌장은 오랜 경험과 본능 그리고 전통적인 점에 의지하며 길을 찾아 나선다. 여정의 마지막 고비에서 신구의 대립은 화해의 전환점을 찾는다. 머지않아 눈 폭풍이 엄습하리라는 점괘를 본 촌장은 쉬지 않고 강행군을 계속하는 반면 칼마는 파란 하늘을 베개 삼아 여유를 부린다. 결국에는 둘 다 눈 폭풍에 휘말려 생사의 갈림길에 서게 되는데 이때 칼마는 자신을 폄하했던 촌장을 끝까지 업고 보호하는 동지애를 발휘한다. 결국 촌장은 칼마의 등에서 얼어 죽으면서 칼마에게 마을 책임자로서의 권한을 전한다. 때마침 히말라야의 눈 폭풍도 물러가고 햇살이 비치고, 칼마는 히말라야의 저편 도시에 도착한다. 갈등의 대가로 노 촌장은 죽었지만 화해의 대가로 새로운 젊은 촌장이 탄생한 것이다.

그런데 이 영화가 보여준 청년층과 노년층의 대립과 갈등 양상은 오늘날 티베트 사회에 현실로 등장하고 있다. 현재 티베트 사회는 가치관과 정체성 문제로 고민하고 있다. 개발과 현대화로 침식돼가는 티베트 사회는 더 이상 영혼의 편안한 안식처가 아니다. 이 장에서는 흔들리고 있는 티베트 사회를 여러 각도로 접근하고자 한다. 티베트의 심장인 포탈라궁이 더 이상 티베트인들만의 전유물이 아니며 전 세계의 박물관이 되어버린 현실, 자기 언어를 도외시하며 이방인의 언어를 습득해야만 하는 현실, 그리고 하늘 길이라는 칭짱철도의 개통이 오늘날 티베트 사회에 어떤 파급 효과를 몰고왔는지 살펴보기로 하자.

1. 포탈라궁의 운명

라싸에 우뚝 솟아 있는 유명한 궁전 '포탈라'는 현존 14대 달라이 라마가 티베트를 떠난 1959년 겨울까지 머물렀던 거처다. 포탈라궁은 크게 두 부분으로 나누어져 있는데 윗부분을 홍궁(紅宮, 티베트어로 포장말보Pozang mharbo), 아랫

부분을 백궁(티베트어로 포장갈보Pozang gharbo)이라 한다.

　외관상 명백하게 백색과 홍색으로 구분되는 두 영역은 그 기능과 건축 시기가 조금 다르다. 백궁은 5대 달라이 라마 나왕롭상갸쵸(1617~1682) 때 건설되었는데 역대 달라이 라마의 침실이자 집무실의 역할을 담당하던 곳이다. 고대 티베트의 정치 체제는 정치와 종교가 하나라는 정교합일(政敎合一) 제도였다. 이 점을 고려해볼 때 백궁에 정(政)의 의미가 내포되었다면 홍궁에는 교(敎)의 의미가 있다. 홍궁은 5대 달라이 라마가 원적(圓寂)한 후에 쌍계갸초(桑結嘉措, Sangge Gyatso)에 의해 1690년에 착공되어 1693년 4월에 완공되었다.[77] 홍궁은 역대 달라이 라마가 재임하는 동안 모든 불교 활동을 준비하는 장소였다. 홍궁에는 역대 달라이 라마의 영탑과 불전이 모셔져 있어 신도들과 순례객들은 홍궁을 더욱 중요하게 생각했다. 이곳에는 6대 달라이 라마 창양갸초(倉央嘉措, Tsanyang Gyatso)를 제외한 모든 달라이 라마의 영탑이 모셔져 있다.

(1) 사라진 황금

　고대부터 낮은 지역에 거주하는 민족들은 지리적인 여건 때문에 고원 지대에 자리 잡고 있는 티베트 민족과 교류하기가 쉽지 않았다. 고대 티베트의 문화가 외부의 간섭 없이 독특한 티베트식 문화로 발전할 수 있었던 것은 이런 지리적인 조건 덕분이기도 하다. 그래서인지 고원 산악 지대의 문화는 평지의 문화와는 비교할 수 없을 정도로 신비한 분위기를 풍긴다. 티베트 전 지역에서 영적인 분위기로는 고대 신(神)들의 전설이 전해지는 라싸가 역시 으뜸일 것이다.

　1300년의 역사와 전설을 자랑하는 신들의 땅 라싸는 7세기 토번 왕조의 영웅 송첸캄포가 도읍으로 정한 이후 티베트의 정치, 경제, 문화의 중심지로 부상했

주인 없는 포탈라궁

초원의 여인들. 유목 민족인 티베트인들에게 초원은 삶의 터전이다

다. 덕분에 라싸를 중심으로 사방에는 고대 티베트 양식의 불교 문화유산들이 광범위하게 분포하고 있다.

티베트어로 '라싸(拉薩)'의 '라La'는 '신'을 뜻하고, '싸Sa'는 토지를 의미하는바, '라싸'는 '신의 땅' 혹은 '성지(聖地)'라고 풀이할 수 있다. 그래서인지 장관을 이루고 있는 주변의 산들과 티베트식 건축물은 자연스럽게 사람들을 명상으로 이끄는 신비한 매력을 풍기고 있다. 라싸를 신비의 성지로 감싸는 기운은 역시 홍산(紅山)에 위치한 웅장한 포탈라궁의 존재감에서 시작된다. 포탈라궁은 티베트어로 '쩨 뽀다라'이다. 이 신비스러운 궁전에 대해 비밀스러운 일화가 전해 내려온다.

근대에 이르기까지 이 궁의 주인은 역대 달라이 라마였다. 지금은 주인 없는 박물관으로 전락했지만 한때는 600만 티베트 민족의 정신적 상징물이었다. 가만히 생각해보면 세계적으로 그 어떤 권력자도 달라이 라마처럼 이렇게 웅장한 궁전을 통째로 사용하지 못했으며 3,000여 개나 되는 밀실을 소유하지도 못했다. 포탈라궁은 대부분의 방들이 지하의 밀실로 구성되어 있다. 이 수많은 지하 밀실들은 도대체 어떤 용도로 사용됐을까? 나는 티베트인 창바추제(强巴曲杰) 교수와의 인터뷰를 통해 우연히 이 밀실의 비밀을 들을 수 있었다.

티베트 지역은 광물이 풍부하기로 유명하다. 측정을 제대로 하지 않았을 뿐이지 각종 지하자원 매장량은 아마도 세계에서 손가락 안에 들 것이다. 특히 땅속 여기저기에 황금이 많다는 사실은 티베트 사회에선 상식으로 통한다. 고대 티베트인들은 틈 날 때마다 소일 삼아 황금을 캐어서 그들의 정신적 지주인 달라이 라마에게 헌납했다고 한다. 그런데 그들이 헌납한 금이 어찌나 많던지 포탈라궁의 지하 밀실은 전부 황금으로 가득했다고 한다. 황금을 보관하고 운송하던 직책을 맡았던 이들은 전부 벌거벗은 몸에 속옷만 걸치도록 했다. 황금의 도난을 방지하기 위해서다.

그런데 근대에 들어와 포탈라궁 밀실에 가득했던 그 많던 금들이 전부 사라졌다. 어디로 사라진 것일까? 14대 달라이 라마가 1959년 인도로 망명하면서 전부 가져갔을까? 나의 순진한 생각에 창바 교수는 의미심장한 웃음을 지으며 비밀을 말해주었다. 1951년 중국 인민해방군이 쳐들어와서 포탈라궁을 접수했을 때 전부 내륙으로 운송해가서 지금 궁의 지하 밀실은 텅 비어 있다는 것이다.

이야기를 듣던 중 나는 다시 질문을 던졌다. 그렇게 많은 금이 사방에 깔려 있는데, 왜 캐지 않느냐고. 나의 말초적인 질문에 창바 교수는 다음과 같이 답했다.

"여기저기 잠재하는 금맥을 캐기 시작한다면 생태계는 균형을 잡지 못하고 무너지고 맙니다. 티베트인들에게 그것은 자살하는 것과 같습니다. 티베트인들은 노랗게 빛나는 황금보다 대초원의 녹색 풀이 더 소중하다는 것을 오랜 세월의 경험 속에서 본능적으로 알고 있습니다. 유목 민족인 티베트 민족은 황금 없이는 살아도 초원의 풀 없이는 못 삽니다. 티베트 민족의 대다수가 대초원에서 유목 생활을 하고 있는 상황에서 초원의 풀은 그 무엇보다도 중요합니다."

티베트 사회는 기본적으로 유목 사회라는 점을 지적해준 일리 있는 설명이었다.

이러한 고사(古事)를 뒤로 한 채 포탈라궁은 오늘도 여전히 홍산에서 우리를 빤히 내려다보고 있다. 이천 년의 궁전은 현재 주인이 없는 상태다. 1959년 14대 달라이 라마가 인도로 망명한 후 이 궁전은 주인을 잃은 채 중국 정부의 손아귀 안에서 돈만 벌어다주는 상징적인 유적지 신세로 전락했다.

(2) 주인 잃은 포탈라궁

'반달리즘', 인간의 사욕으로 인한 무정한 파괴와 약탈을 의미하는 말이다. 유물과 유적, 환경의 파괴 역시 이 범주를 벗어날 순 없다. 문명의 흔적을 탐방하노라면 그것이 주는 경외감과 위대함보다는 인간의 파괴 행위가 더 노골적으로 피부에 와 닿는 경우가 종종 있다. 그렇지만 파괴자들은 늘 그럴듯하게 '구제' 혹은 '보전'이라는 광고로 자신들의 가혹한 범죄를 포장하고 있다. 서양 문명이 그러하고 아시아 문명 또한 그러하다. 중국 속의 티베트 문명 또한 예외가 아니다.

포탈라궁 앞에서 절하는 티베트인. 그들의 소망은 활불을 알현하는 것이다

티베트 왕조의 역사는 달리 보면 종교의 역사이다. 티베트 왕조의 크고 작은 불교 종파 간의 권력 투쟁을 겪는 티베트 불교 후홍기[78]는 황교, 즉 겔룩파의 등장으로 평정된다. 겔룩파는 티베트 불교 종단에서 제일 마지막에 형성된 교파이기는 하나 강력한 카리스마를 가진 지존 '총카파(宗喀巴, Tsong-Kha-pa)'의 엄격한 지도 방식과 정돈된 계율 체계로 신선한 바람을 일으키며 당시 20여 개 이상이 난립하는 종파의 힘겨루기에서 우뚝 섰다. 겔룩파는 1409년 제1호 사원인 간단스(甘丹寺)의 완공을 시작으로 세력 확장에 성공하며 15세기 혼란스러운 티

베트 불교계의 최고 종파로 등극한다. 이 겔룩파의 수장이 바로 달라이 라마다.

역사적으로 포탈라궁과 달라이 라마와의 관계는 매우 밀접하다. 포탈라궁은 토번 왕조 시기에 착공하기는 했으나 그 후 왕국의 분열로 인해 미완성 상태로 남아 있다가, 개혁 종단 겔룩파가 설역 고원을 평정한 뒤 5대 달라이 라마 나왕롭상갸초에 의해 다시 증축되기 시작하여 지금과 같은 모습으로 자리 잡게 되었다.

포탈라궁은 총 13층에 높이 100미터, 동서 길이가 360미터나 되는 웅장한 궁전이고, 건물의 지하에는 수없이 많은 미로와 밀실이 꼬리를 물며 통로를 형성하고 있다.[79] 현재는 중국 정부의 정해놓은 대로 개방된 방만 참관할 수 있다.

그러나 대부분의 순례객들은 방보다 영탑에 더 호기심을 가진다. 역대 달라이 라마의 미라를 모셔둔 영탑은 그 높이가 어마어마해 머리를 들어 쳐다보면 현기증이 날 정도다. 가장 많은 순례객들이 몰리는 곳은 역대 달라이 라마 중에서 정치력과 불교 학식이 가장 뛰어났다고 평가받는 5대 달라이 라마와 티베트에서 가장 먼저 자주독립을 외쳤던 13대 달라이 라마[80]를 모신 탑인데 특별히 이곳에는 티베트인 가이드가 배치돼 있다. 나는 영탑을 지키고 있는 티베트인 가이드에게 현 14대 달라이 라마의 사진을 가지고 있는지 슬쩍 물어보았지만 대답이 없었다.

사실 이는 매우 민감한 질문이다. 14대 달라이 라마의 사진을 가지고 다니거나 집 안에 모시는 것은 중국 정부가 금지하고 있고, 심지어 공안에 잡혀갈 수도 있기 때문이다. 그러나 나의 끈질긴 질문에 가이드는 주위를 한 번 살피더니 짧게 대답해주었다. 자신은 활불을 여전히 신뢰하며 14대 달라이 라마는 반드시 라싸로 돌아온다고.

이 의미심장한 대답에서 알 수 있듯이, 티베트인들은 내적으로 여전히 달라이 라마를 경외하며 신뢰하고 있다. 포탈라궁 광장에는 붉은색 오성홍기가 힘차게 날리지만 티베트인들의 마음속에는 여전히 관세음보살의 화신인 달라이 라마가 있는 것이다. 중국 정부가 파격적인 정착금으로 유혹해 인도로 망명했던 티베트인이 다시 돌아오는 사례도 있지만 달라이 라마의 사진을 가슴에 품고 목숨 건 인도행을 택하는 티베트인도 여전히 적지 않다. 그들의 소망은 죽기 전에 활불을 꼭 한 번 알현하는 것뿐이다.

지금 포탈라궁은 주인을 잃은 채 박물관이 되어버렸다. 입장권을 사는 곳에서 출구까지 모두 한족이 주인 행세를 하고, 매년 관광객들로 붐빈다. 넘쳐나는 관광객들 때문에 궁전은 일 년 내내 보수공사를 해야 하고 흔들리는 궁전 기둥을 보호하기 위해 하루 입장객의 숫자를 제한해야만 하는 실정이다. 이러한 현실을 아는 듯 모르는 듯 오늘도 포탈라궁 광장에는 빨간색 플래카드만이 선명할 뿐이다.

"세계의 불교 문화유산—신비의 포탈라궁!"

2. 공존의 이중 문화

라싸의 중국은행. 문이 열리면서 머리를 길게 늘어뜨린 중년의 여인이 들어선다. 전형적인 티베트식 복장과 햇볕에 그을린 화장기 없는 얼굴, 왼손에는 티베트족 전통의 법기(法器) 마니차(轉經)가 들려 있다. 의심할 바 없는 티베트 여인이다. 그녀는 두리번거리며 사방을 둘러보다가 조심스럽게 창구로 다가간다. 은행의 직원은 거의 한족이다. 여인은 무엇인가를 계속 설명하지만 대화가 될

티베트에 이주한 한족의 수[81]

년도	이주 한족 수(명)
1980	123,400
1982	91,720
1984	76,323
1985	70,923
1990	67,407
1991	65,101
1992	66,318
1993	64,890

1990년대 티베트에 이주한 한족의 지역적 분포[82]

지역	인구(명)	전체 이주 한족에 대한 비율(%)
라싸	44,939	55.3
창두	7,019	8.6
싼난	5.725	7.1
시가체	4.920	6.1
나춰	2.962	3.6
아리	1.435	1.8
린즈	14.218	17.5
합계	81,217	100

1964~2000년 티베트 인구의 민족 구성[83]

	1964년		1982년		1990년		2000년	
	인구수(만)	비율	인구수(만)	비율	인구수(만)	비율	인구수(만)	비율
합계	125.12	100.00	189.24	100.00	219.60	100.00	261.83	100.00
장족	120.87	96.60	175.65	94.40	209.67	95.48	241.11	92.16
한족	3.67	2.93	9.17	4.85	8.08	3.68	15.53	5.94
기타	0.58	0.47	1.42	0.75	1.85	4.90	0.84	1.09

리 없다. 듣다 못한 한족 직원이 중국어로 화를 낸다. 알아들을 리 없는 티베트 여인은 결국 힘없이 은행 문을 나선다.

이것이 현재 라싸의 한 단면이다. 라싸에는 티베트인과 한족이 함께 살아간다. 거리에 나가보면 티베트인보다 한족을 더 많이 볼 수 있다. 1950년대 이후부터 중국 정부가 추진한 한족 이주 정책으로, 당 관료와 기술 관료 그리고 그 가족들이 대거 이주해왔기 때문이다.

1980년대 마오쩌둥(毛澤東)에서 덩샤오핑(鄧小平)으로 중국 정부의 정권 교체 시기에 한족의 티베트 이주는 최고점에 달했다.

1990년대 들어 티베트 최대의 도시인 라싸에서 티베트인은 오히려 소수 민족으로 전락했다. 이주 정착비와 취직까지 중국 정부가 책임져주자 내륙의 한족들이 너나 할 것 없이 라싸로 들어왔기 때문이다. 그들 대부분은 라싸의 주요 요직과 공무원으로 채용되어 안정된 삶을 보장받았다. 중국 정부의 이러한 정책은 티베트인의 실업문제로 이어졌다.

그렇다면 중국 정부의 적극적인 한족 이주 정책이 티베트 사회에 구체적으로 어떠한 영향과 변화를 주었는지 살펴보자.

(1) 언어

일반적으로 '민족(民族)'은 다음의 다섯 가지 공통분모를 가지고 있다. 혈통, 지역, 언어, 종교, 풍속 습관이 그것이다. 이 중에서 강한 응집력으로 자민족을 결속시키는 힘은 언어의 요소가 가장 크다. 언어는 타민족과 차이를 결정지어주는 동시에 자민족이 하나의 '운명 공동체'임을 확인시켜주는 연결 고리이고, 유대감을 형성해주는 '아교풀' 같은 역할을 한다.

잘 정리된 티베트 시내. 이미 한족이 많이 이주해 티베트인과 함께 살고 있다

중국 정부가 중국 내륙과 티베트를 연결하는 도로를 놓으면서 인적 · 물적 자원의 교류가 활발해지기 시작했다

문화사의 관점에서 보면 언어의 발전은 민족의 발전과 밀접한 관계가 있다. 씨족 언어에서 부락 언어로, 부락 언어에서 민족 언어로 발전하는 것은 언어 발전의 단계이자 민족 발전의 규칙이다. 민족은 같은 테두리 안에서 생활하며 그네들의 언어로 의사소통을 한다. 언어와 자신들 간의 관계에 대해 특별히 인식하지 않고도 자연스럽게 삶을 영위하는 것이다. 이 속에서 집단 공동체가 형성된다. 다수건 소수건 민족 언어는 역사와 전통을 기반한 '안정감'으로 무장하고 있다. 만일 한 지역의 민족이 변혁의 시기에 들어서 있다고 가정해보자. 사회 구성원들은 분산되고 경제생활의 변화가 일어날 것이며, 더불어 민족 심리가 불안정한 파장을 일으킬 것이다. 심지어 전반적인 문화 변천의 조심이 요동칠 것이다. 그러나 이러한 제반 현상들에 직면해서도 그 민족의 언어는 여전히 안정성을 유지한다. 외부의 어떤 강력한 개입이 있기 전까지 그 특성이 변색되지 않고 독창성과 원시성을 유지할 수 있는 것이다. 이것이 민족 언어의 힘이다.

'옴 마니 반메 훔Om mani padme hum'[84]이라는 티베트 기도문을 보자. 언어와 문자가 자의적인 결합이라는 사실을 알 수 있다. 티베트인들은 매일 이 주문을 암송하지만 실제로 이를 쓸 줄 알거나 뜻을 정확히 해독하는 티베트인은 그리 많지 않다. 불경을 공부하는 승려나 일부 지식층을 제외하고 티베트의 일반 민중은 거의 문맹이라 해도 과언이 아니다. 하지만 말을 할 줄 안다고 꼭 그것을 문자로 표시할 의무는 없다. 특히 유목 생활을 하는 이들에게 문자는 그리 중요하지 않다. 오히려 문자보다는 그들의 생계를 책임져주는 야크가 더 중요하다.[85]

'옴 마니 반메 훔'은 자비를 비는 만트라로 '연꽃 속의 보석이여!'라는 뜻이다. 티베트인들에게 이 만트라는 만사형통을 기원하는 뜻으로 통용된다. 그들은 우주 속에 충만하게 깃들어 있는 붓다(관세음보살)의 사랑과 자비의 힘으로 모

티베트 시내의 호텔 간판. 티베트어와 중국어, 영어로 구성돼 있다(왼쪽)
만트라의 일종인 '옴 마니 반메 훔' 이다(오른쪽)

든 어려움에서 벗어나길 바라며 이 만트라를 외운다. 또 자기뿐만 아니라 다른 존재까지 돕기 위해 이 만트라를 외운다. 그래서 이 만트라의 울림에는 긍정적인 가능성에 대한 기대가 담겨 있다. 티베트 사람들은 마음속이나 낮은 목소리로 '옴 마니 반메 훔' 을 외우는 것이 습관화돼 있다. 이 주문은 신, 혹은 대자연과 영적 주파수를 맞출 수 있다는 6자 진언(眞言)인 셈인데, 기독교인의 '할렐루야' 와 같은 기능을 가진다.

　그런데 대다수 티베트인은 주문만 외울 뿐 그 내용에 대해 심도 있게 공부 하지 않는다. 그저 영적 풍요로움을 갈망하는 습관적인 주문일 뿐이다. 티베트인들은 항상 손에 '마니차' 라는 작은 법구를 돌리며 걸어 다닌다. 앉아서도 돌리고 걸으면서도 돌리고 이야기하면서도 돌리고 하루 종일 돌린다. 거기에는 그만한 사연이 있다. 언급했듯이 티베트인들은 대부분 문맹이다. 고원 지대의 척박한 환경 속에서 먹고살기도 힘든데 문자를 배울 틈이 있었을까? 대부분 말은 구사할 줄 알지만 문자는 배운 적이 없다. 그래서 그들은 불경을 깨알만 하게 써놓은 종이를 법구 속에 넣고 마냥 돌린다. 한 번 돌리면 불경을 한 번 읽는 셈이다. 얼

유목 생활을 생업으로 하는 이들에게는 문자보다 야크가 더 중요하다

마나 소박한가? 조그마한 법구도 모자라 큰 드럼통도 돌려댄다. 불교 사원에 들어가보면 십중팔구 입구에 크나큰 드럼통들이 줄을 지어 늘어서 있다. 손을 대고 돌리면서 시계 방향으로 천천히 걸어가라는 뜻이다. 드럼통 겉에는 역시 간단한 6자 진언이나 불경이 씌어 있고, 사원을 방문한 티베트인은 습관적으로 이 드럼통을 돌리면서 자신의 영적 풍요로움을 겸손히 기원한다. 이러한 풍경은 티베트 어느 지역에서든지 목격할 수 있는 자연스러운 일상이다.

　여기서 티베트어의 언어학적 가치를 학술적으로 분석하려는 생각은 없다. 하지만 현재 티베트인들의 '민족언어'인 티베트어가 어떠한 대우를 받고 있는지,

어느 사원 입구의 마니차. 마니차 속에는 인쇄된 불교 경전이 말려 있는데, 티베트 사원에는 담벼락에 항상 마니차가 준비되어 있다

어떠한 처지에 놓여 있는지 살펴봄으로써 오늘날 티베트 민중들이 겪고 있는 이 중생활의 한 단면을 살펴보고자 한다.

　오늘날 조금만 주의를 기울이면, 라싸는 물론이고 아주 한적한 지방 소도시 의 여관과 식당 간판에도 티베트어와 한어(漢語), 심지어 영어까지 혼용돼 있는 것을 발견할 수 있다. 그동안 중국 정부가 실시한 한족의 이주민 정책과 대외 개 방으로 이방인들의 발걸음이 늘어난 것 때문이라고 생각할 수도 있다. 그뿐이 다. 그런데 자세히 들여다보면 이해가 안 가는 부분이 있다. 모든 간판의 중앙에 는 한족의 언어인 한어가 크게 자리 잡고 있고, 그 위쪽에 티베트어, 맨 아래에

작은 법구 '마니차'를 돌리며 걷는 노파

영어가 씌어 있다. 영어와 티베트어의 순서가 바뀌는 경우는 있어도 중앙에 큼지막하게 한자가 자리 잡고 있다는 사실은 고정 불변이다.

간판의 글자 위치만으로도 시대 상황을 감지할 수 있는 것이다. 여행객들 대다수가 식당이나 호텔 상점들을 찾을 때 간판을 유심히 보지는 않는다. 슬쩍 큰 글씨를 보고 찾는 경우가 대부분이다. 따라서 전혀 알 수 없는 언어인 티베트어가 중앙에 버티고 있는 것보다 좀 더 익숙한 영어나 한어가 큼지막하게 보이고 티베트어는 변두리에 물러서 있는 것이 이방인들에게는 좀 더 친숙할지도 모르겠다. 하지만 이를 보는 티베트인들은 어떨까?

언제부터인지 티베트 지역에 존재하는 모든 간판의 언어 순위는 한어가 1순위가 되어버렸다. 식당 메뉴판도 티베트어가 아닌 영어나 한어로 되어 있다. 이러한 현상은 여기서 그치지 않고 사회 문제로까지 번지고 있다. 바로 외국어 과외 열풍이다.

라싸의 한어와 영어 학습 열기는 우리나라의 영어 열풍 못지않다. 특히 젊은 이들의 영어 학습 열기는 상상하는 것 이상이다. 라마승들도 예외가 아니다. 티베트의 불교 사원에 투숙하고 있을 때 젊은 라마승의 부탁으로 내가 잠시 영어 회화를 가르쳐준 적이 있을 정도였다. 그렇다면 왜 한어와 영어일까? 아이러니컬하게도 먹고사는 '취직'의 문제와 직접 연관되어 있기 때문이다.

현재 티베트 지역에는 중국 정부가 주도하는 개발과 현대화 사업의 여파로 많은 일자리가 생겨나고 있다. 그러나 현실적으로 티베트인이 일자리를 얻는 것은 그리 쉽지 않다. 우선 언어 문제에 부딪힌다. 중앙 정부에서 파견한 한족이 중심이 되는 모든 사업은 티베트어보다는 한어를 위주로 진행된다. 따라서 한어를 자유스럽게 구사하지 못하는 티베트인은 자연스럽게 이 같은 일에서 소

티베트 지역의 식당 간판. 한어가 중심이고 아래에는 영어로 표기되어 있다. 티베트어는 가장 작게 표기되어 있다. 한족화(漢族化)의 대표적 사례다

외될 수밖에 없다. 중국 내륙에서 많은 젊은이들이 티베트로 몰려오는 이유도 이와 무관하지 않다. 한어 사용과 연줄로 일자리가 보장되기 때문이다. 때문에 티베트인들의 일자리 문제는 사회 문제로 심화되고 있다. 이러한 상황에서 최근 또 하나의 '사건'이 발생했다. 바로 칭짱철로(靑藏鐵路), 하늘 길[천로(天路)]의 개통이다.

(2) 하늘 길이 열리다

중국과 티베트 간에 본격적인 교류가 시작된 것은 641년이다. 당시 토번 왕조의 송첸캄포 왕과 혼인한 당나라 문성 공주가 당과 토번을 잇는 고도의 길을 따라 3년 만에 토번에 도착한 이후로 한장(漢藏)의 교류는 비로소 시작되었다.[86]

그로부터 천오백여 년이 지난 2001년 6월 29일, 전 세계의 이목과 관심 속에서 칭짱철도 프로젝트가 발표되었다. 이날 이후로 남극과 북극에 이어 지구의 제3극으로 불리는 칭짱고원에 연인원 수만 명의 철도건설 노동자들이 5년간의 처절한 시공 끝에 티베트 칭짱철도 제2기 공정이 완료됐다. 착공식이 열린 지 5년째인 2005년 10월 18일 중국 관방은 칭짱철도 제2기 공정이 성공적으로 마무리됐다고 발표했다.[87] 바로 중국의 변강 서부 칭하이성의 거얼무와 티베트 자치구의 수도 라싸를 연결하는 총 1,142킬로미터의 칭짱선이 개통됐다는 내용이었다. 이로써 중국 정부는 1979년에 이미 완공한 시닝에서 거얼무 구간(814킬로미터)의 제1기 칭짱선 완공에 이어 2기 공정까지 성공적으로 이루어낸 것이다. 제2기 칭짱철도 프로젝트의 완공으로 중국의 정치 수도 베이징에서 서남 변방의 오지 라싸까지 48시간이면 주파할 수 있게 되었다.

중국 티베트 정보 센터에 의하면, 2006년 7월 1일부터는 북경에서 열차를 타고 48시간이면 티베트의 라싸에 도착할 수 있고 운임은 일반 열차와 동일하게 책정되었다고 한다. 총길이 1,142킬로미터 이르는 이 철로는 높이가 해발 평균 4,500미터고 가장 높은 탕구라역은 5068미터로 안데스 산맥의 페루 철도가 보유하고 있던 세계 최고도 철로 기록보다 255미터가 더 높다. 그중 550킬로미터는 땅이 얼어 있는 동토(凍土) 구간이다.[88]

중국 정부는 지난 1950년대부터 철로 부설을 계획해왔으나 많은 건설 비용과 기술적 장애로 공사를 미뤄오다 2001년부터 서부대개발 공정의 일환으로 330억 위안을 투입, 공사를 본격적으로 벌여왔다. 이 불가사의한 공사는 노선의 대부분이 고원의 동토 지대를 지나는 난공사로, 건설 노동자들은 산소 부족으로 산소마스크를 쓰고 철로를 부설한 것으로 알려졌다.

반세기 동안 많은 시간과 비용을 투자한 결과 티베트 칭짱철로 프로젝트 1기와 2기 공정은 성공적으로 마무리되었다. 이것은 중국 정부의 확고한 의지와 추진력을 확인할 수 있는 사건임에 틀림없다. 아래에서 칭짱철도 프로젝트의 궤적을 시간의 흐름에 따라 살펴보고 이것이 티베트 사회에 미친 영향에 대해 생각해보자.

ㄱ. 1기 공정(1974~1984)

1951년 중국은 티베트를 무력으로 점령한 후 국가 통합과 체제 안정의 일환으로 티베트 자치구의 중심지 라싸까지 연결하는 철로를 구상하기 시작한다. 1952년 중공 중앙인민정부는 정치적인 이유로 시닝에 있는 10대 판첸 라마를 티베트로 보내는 과정에서 칭짱고원 횡단의 어려움과 교통 문제 해결의 절실함을 느낀다. 계획을 구상한 지 5년 후인 1956년, 중국 정부는 처음으로 시닝에서 라싸까지 2,000킬로미터에 이르는 방대한 고원노선을 전면적으로 측정하고 설계 공정을 진행한다.

1977년 거얼무와 라싸 사이에 중국 최장 길이의 송유관을 놓았다. 일명 '칭짱송유관'은 쿤룬산과 탕구라산을 넘어 티베트에 끊임없이 기름을 공급하는 역할을 담당했다. 중국 내륙에서 세계의 지붕 티베트로 기름을 공급하는 이 송유관은 총길이 1080킬로미터에 이르는 에너지 대동맥이다. 이어서 1978년 란주-시닝-라싸 사이에 광케이블도 설치되었다. 이 광케이블은 양쯔강과 황허의 발원지를 지나 차이다무 분지를 가로지르고 쿤룬산과 탕구라산을 넘어 라싸까지 연결되었다. 이것은 중국 역사상 최초로 티베트에 연결된 광케이블로서 역시 세계 최고 높이 기록을 세웠다. 총 길이 2739킬로미터에 달하는 광케이블 설치에는 5

억 위안 이상이 투자되었다.[89] 이 중 830킬로미터는 해발고도 4500미터가 넘는 위험지역에 설치되어 있고 560킬로미터는 동토 지역을 지나고 있어 중국 광케이블 역사상 가장 어려운 시공이었다. 이 모두가 칭짱철도 건설의 기초 작업인 셈이다.

1979년 칭짱철도는 칭하이호를 지나 거얼무까지 연결되었다. 그리고 다시 라싸까지 철로를 잇기 위한 준비 작업에 들어갔다. 당시 티베트 건설위원회는 철도사무소를 개설하고 거얼무 일대에 철도부대를 주둔시켰고 2년 안에 이 공사를 마치겠다는 야심찬 계획을 세웠다. 1984년 결국 시닝에서 거얼무까지의 구간인 제1기 공정이 마무리되었다. 그러나 거얼무에서 라싸까지의 구간은 동토지대로 인한 위험과 기술의 한계로 진행을 중단할 수밖에 없었다. 1995년 중국 지도부와 철도부에 의해서 제2기 공정이 재검토되기 시작했다.

ㄴ. 2기 공정(1995~2006)

1994년 7월 중국 중앙국무원에서 제3차 티베트공작좌담회(西藏工作座談会)를 개최하여 칭짱철도의 노선을 연장하는 결의를 도출했는데 이는 당시 국가 총서기 장쩌민(江澤民)의 강력한 지지를 받았다. 이후 장쩌민의 후원으로 〈칭짱철도 전기준비위원회〉를 구성하기에 이른다. 그 이듬해 1995년 중국 철도부는 본격적으로 칭짱철도의 진행을 담당하는 기획팀을 조직하였고, 1996년 제8차 전국인민대회 4차 회의에서는 〈국민경제와 사회발전 5개년 계획(제9차 5개년 계획과 2010 전망목표 요강)〉이 통과되었다. 여기에는 2010년까지 칭짱철도의 실증작업을 완료한다는 내용이 포함되어 있었다.[90]

2000년 3월7일 국가계획위원회 관계자가 제9회 전국인민대회 3차 회의 기자

초원의 여인들. 내륙의 한족과는 다른 티베트 고유의 전통과 문화도 변화의 바람을 맞고 있다

회견에서 칭짱철도와 서기동수(西氣東輸 : 중국 서부의 천연가스를 동부로 공급하기 위한 파이프라인 건설사업) 등 국가 중점 사업 계획을 앞당길 것이라고 발표했다.[91] 같은 해 11월 장쩌민은 칭짱철도 프로젝트와 관련하여 다음과 같은 특별지시를 남긴다. "칭짱철도 프로젝트는 꼭 필요하다. 이 공정이 완성되면 낙후한 티베트에 교통과 관광의 발전은 물론이고 내지와의 인적 물적 교류를 통해 티베트에 적지 않은 이익을 가져다줄 것이다. 따라서 우리는 마땅히 이 공정에 박차를 가해야 할 것이다. 이것은 중국이 신세기로 진입하는 데 아주 중요한 결정이다."[92]

2000년 12월 국가계획위원회는 북경에서 칭짱철도 보고 및 토론회를 열고 중앙국무원에 정식으로 제2기 칭짱철도 계획 건의서를 제출했다. 2001년 6월 29일 중앙 정부는 제2기 칭짱철도 건의서를 승인하고 총 262억 1천만 위안을 투자하기로 결정했다. 7월에 칭짱철도 착공식이 거얼무와 라싸에서 동시에 열렸다. 당시 중국 중앙국무원 총리 주룽지(朱鎔基)는 거얼무에서 칭짱철도의 개공식을 선포했고 여기에 발맞추어 전 총리를 지냈던 우방궈(吳邦國)가 티베트 자치구의 라싸에서 칭짱철도 개통의 의미와 가치를 담은 선언문을 낭독했다.[93] 이들 지도자들은 각각의 장소에서 같은 시간에 칭짱철도 착공식의 축하 테이프를 공개적으로 끊었다. 이를 본 중국 언론과 인민들의 반응은 매우 긍정적이었다.

2002년 5월 동토 지역 공사를 시작으로 제2기 칭짱공정은 총 공정 시간을 6년으로 계획했다.[94] 중국 정부는 2007년 7월에 최종적으로 모든 운송이 완벽하게 되는 것을 추구했다. 그리고 2006년 7월1일에 공식적으로 개통식을 거행하기로 목표를 정했다.

그런데 중국 정부가 심각하게 고심해야 하는 문제가 발생했다. 고원 위의 생태환경 보호에 대한 문제였다. 중국 정부는 생태환경 보호 비용으로만 총 20억 위안을 쏟아 부었는데 이는 칭짱철도의 공사 비용 중 단일 항목으로는 최대 수치다. 중국 정부의 분석에 따르면 고원에 위치한 동토 구간의 연구와 교각로 건설 그리고 각종 자연재해에 대비한 보호 장치 건설 등에 많은 비용이 들었다고 밝히고 있다.[95]

티베트 고원의 자연환경은 전 세계적으로 매우 희귀하고 보존 가치가 높다. 중국 정부는 민심의 반발을 우려해 고원 생태환경의 보존과 유지를 위한 특별 부서를 설치하고 많은 연구 인력을 확보해야 했다. 이렇게 해서 베이징에서 라

칭짱철도 2기 공정

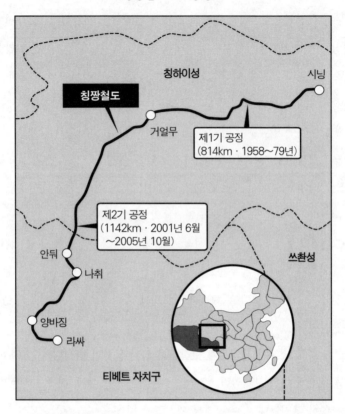

싸까지 이틀이면 갈 수 있는 상황이 가능해졌다. 한족의 티베트 진입이 더욱 수월해졌으며, 따라서 한-장(漢藏) 민족 간의 미묘한 인종적 · 문화적 생존 경쟁이 시작되었다. 한족은 공간적으로 이동했지만 굳이 티베트어를 배울 필요는 없다. 다급하고 긴장할 수밖에 없는 쪽은 오히려 티베트의 젊은 실업자들이다. 티베트는 한족에게 이제 중국이라는 부처님의 손바닥 안이란 영토 개념을 넘어서 한족

의 취업 문제까지 해결해주는 희망의 황금 도시로 부상하고 있는 것이다.

1980년대의 본격적인 티베트 개방, 1990년대의 대 티베트 경제원조 프로젝트, 그리고 21세기에 들어서 설역 고원의 만리장성이라 할 수 있는 칭짱철도의 건설로 이어지는 중국 정부의 정책은 부동의 티베트 사회를 점진적으로 변화시켰다. 이제 생존 환경과 거기에서 파생되는 종교적·인문적 가치관이 한족과 매우 달랐던 티베트 민중은 확연히 전변(轉變)의 길을 가고 있다. 현대화라는 미명 아래 진행되고 있는 이 어색한 풍경을 우리는 어떻게 바라보아야 할까? 또한 풍경의 주연과 조연 격인 중국 정부와 티베트 사회는 어떻게 변할 것인가. 다음 장에서 이를 살펴보기로 하자.

제5장
변화하는 티베트
—천장이 무너지고 있다

사람들은 일반적으로 전통적인 풍속과 관습 체계를 위협하는 외부의 요인에 대해 저항하고 맞서는 속성을 갖고 있다. 사람들이 변화에 저항하는 이유는 그 믿음과 관습이 최고의 이익을 안겨 주기 때문이 아니라, 변화가 명백하게 필요하지 않은 상황에서 그것들이 그런대로 효과를 발휘한다고 믿기 때문이다. 그러나 전통적 믿음과 관습이 절대적이던 티베트 사회가 변화하고 있다. 어떠한 환경적 요인이 그들로 하여금 위험을 무릅쓰고 전통적 믿음과 의식을 변화하게 하는 것일까.

고유의 풍속과 전통을 지키고자 하는 중국의 소수민족들. 그러나 중국 정부의 개방과 현대화 정책으로 외부의 물적·인적 자원이 밀려들고 있다

1. 전변의 티베트

1949년 이래 중국 정부는 국가 통합과 체제 안정을 위해 '단 하나의 중국(只有一個中國)'이라는 통일 정책을 추진해왔다. 다민족 국가인 중국은 정치와 군사력을 장악하고 있는 한족과 광활한 영토를 기반으로 다양한 문화 권역을 이루고 있는 55개 소수민족으로 구성돼 있다. 한족 중심의 중국 지도부는 대륙 내부의 치안과 영토의 안정적 운영을 위해 잠재적으로 분열의 변수가 있는 변방의 소수민족을 소홀히 할 수 없는 형편이다.

다양한 소수민족 중에서도 티베트 민족은 대단히 원시적이고 응집력이 강한 민족이다. 극지의 자연환경이 그들로 하여금 혈연보다도 더 강력한 지역적 결합을 형성시켰기 때문이다. 티베트 민족은 오랜 세월 동안 외부와 차단된 채 자신들만의 문화를 발전시키며 살아왔기에 외부의 간섭과 통제를 받는 것에 익숙하지 않다. 티베트 민족의 이러한 고유성을 감지한 중국 정부는 1950년대 이후로 탄력적인 정책을 전개하며 티베트 사회의 선(先) 부분적 개조를 시도해왔다. 특히 1980년대에 새로 구성된 중국 지도부는 티베트 지역에 더욱더 풍부한 물적·인적 인프라를 다방면으로 공습한다.[96] 왜 그럴까? 티베트를 연구하는 학자들은 다음과 같은 현실적 이유에 공감한다.

첫째, 티베트 자치구에 매장되어 있는 막대한 지하자원 때문이다. 최근 중국 정부의 조사 결과에 따르면 티베트에 매장돼 있는 지하자원은 101종, 총 1조 위안(약 119조 원)어치로 특히 구리, 크롬, 금강석, 수정의 매장량은 중국에서 가장 많다. 또한 우라늄을 포함한 특수 광물의 매장량은 전 세계에서 가장 큰 규모이며, 3억 킬로와트에 달하는 막대한 수력 발전 자원과 전체 중국 산림 면적의 37퍼센트가 티베트 자치구에 포진해 있다.[97]

둘째, 티베트 지역은 포기할 수 없는 군사 요충지이기도 하다.[98] 과거 인도와의 분쟁에서 볼 수 있었던 것처럼 티베트는 매우 중요한 변방의 전략적 요충지이다. 중국과 인도는 3,380킬로미터에 걸쳐 국경을 맞대고 있는데, 이중 히말라

쓰촨성 원텐에 위치한 댐

야의 독립국인 부탄 부근 2,000킬로미터를 포함해 모두 12만5,000킬로미터의 국경 지역은 여전히 영유권을 확정하지 못하고 있다. 이는 한반도 면적의 절반에 해당된다. 이 때문에 두 나라는 1962년 전쟁까지 치렀으며, 이후 지금까지 일곱 차례에 걸쳐 특별 대표회담을 열었으나 이렇다 할 성과를 거두지 못했다. 인도와 국경 지역 충돌을 겪고 고대부터 종교, 문화 등의 교류를 경험한 중국으로서는 인도의 상황을 항상 주시하고 대응할 수 있는 지정학적 위치가 필요했다. 이에 가장 적합한 곳이 바로 티베트 지역이다. 세계의 지붕이라고 불리며 인도를 내려다보는 이곳을 중국으로서는 절대 간과할 수 없는 것이다.

셋째, 티베트에 잠재되어 있는 불안정한 사회 분위기이다.[99] 실제로 티베트 민족의 불안정한 움직임은 다른 소수민족들에게 파급 효과가 굉장히 크며, 이는

대초원에서 야크의 젖을 짜며 웃는 여인

'단 하나의 중국'이라는 중국 정부의 통일 정책에 적지 않은 장애가 될 것이 분명하다. 이러한 상황에 대비해 중국 정부는 일찍부터 티베트에 촉각을 곤두세우고 정성을 기울여왔다.

(1) 현대화 프로젝트

1980년대를 기점으로 티베트 사회는 본격적인 사회 변화의 조짐을 드러냈다. 이에 따라 정신적인 풍요로움만을 추구해왔던 티베트인들이 대규모 물적·인적 자원과 접촉하면서 자연스럽게 그것에 영향을 받게 되었다. 물론 아직 개방과 변화의 바람이 불지 않은 유목 지대에서는 과거와 별반 차이가 없는 모습을 볼 수 있다.

1980년대부터 시작된 변화의 바람은 1990년대에 들어서면서 중국 정부가 경제적·문화적으로 파격적인 원조를 시작하면서 개방도시 라싸 지역을 선두로 본격화되었다. 개혁과 개방 이래 티베트 자치구 경제는 고속 성장을 이루고 있다.

통계를 살펴보면, 1978년부터 1997년까지 19년간, 티베트 자치구 총생산은 연평균 8.3퍼센트의 성장률을 기록했는데, 이는 티베트 역사상 가장 빠른 발전속도다.[100] 그러나 수치로 확인할 수 있는 획기적인 발전에도 불구하고 티베트 전 지역을 조망했을 때는 낙후와 빈곤 문제가 여전히 골칫거리로 남아 있다.[101] 이러한 티베트의 낙후된 상황을 개선하기 위해 중국 정부는 모든 영역에서 원조를 아끼지 않았고, 중국 내륙의 각 성과 도시들도 도움을 아끼지 않았다. 티베트의 행정과 의료, 기초 시설, 도시 건설, 도로 보수, 사원의 재건축과 종교 활동까지도 대부분 중앙 정부가 지원하는 예산으로 진행되었다. 티베트의 목축 지역에는 3년제 의무 교육이 보급되었고 농업 지역에도 6년제 의무 교육이 보급되었으며

쓰촨성 아바 티베트 자치구 지역. 노인의 뒤편으로 보이는 것이 이 지역의 전통적 민간 가옥들이다. 1980년 대의 개혁과 개방 이후 티베트 자치구의 경제는 연평균 8.3퍼센트씩 성장했다. 하지만 지역에 따라 낙후와 빈 곤 문제는 여전하다

주요 도시에는 9년제 의무 교육이 보편화되어 있다. 이로 인해 1999년도 티베트 의 취학 연령 아동의 입학률은 83.4퍼센트에 달했다.[102]

티베트의 산업 발전과 생활 개선을 위한 중국 정부의 노력이 어느 정도 결실 을 맺고 있다는 것은 통계로도 드러난다. 1994년부터 2000년까지 티베트의 도 시 주민 소득은 62.9퍼센트, 농업과 목축업 종사자의 소득은 93.6퍼센트 증가했 고, 총생산액은 연평균 12.4퍼센트 증가했다.[103] 여기서 주목해야 할 점은 오늘 날 티베트에서 진행되는 현대화 프로젝트와 사회 체제 유지 비용을 대부분 중국

중앙 정부가 보조하고 있다는 점이다. 학계의 전문가들도 일찍부터 지적했듯이, 어느 날 갑자기 베이징에서 재정 보조를 줄이거나 차단한다면 티베트의 사회 체제는 마비되거나 와해될 지경에까지 이르게 된다. 심지어 핵심 도시 지역들은 며칠을 버티지 못하고 사회 시스템이 전부 마비될 것이라고 보는 시각도 있다. 이를 뒷받침하는 증거 자료를 보자.

1997년 중앙 정부의 티베트 자치구에 대한 재정 보조는 33억 9,776위안이었는데 비해 티베트 자체 수입은 2억 9,537위안에 불과했다. 그런데 그해 티베트의 총지출은 38억 1,952위안에 달했다. 정부의 보조가 없었다면 티베트의 적자는 감당하기 어려운 상황이었다.[104] 1997년 중국 정부의 티베트에 대한 보조는 티베트인 일인당 1,410위안으로, 중국의 다른 낙후된 성인 간쑤, 산시, 구이저우, 윈난, 칭하이의 일인당 평균 수입보다 높았다. 즉 티베트인들은 일 년 내내 아무것도 하지 않고 정부가 보조해주는 돈만으로도 다른 지역의 농민보다 더 많은 수입을 올릴 수 있다는 것이다. 이것을 보면 중국 정부가 다른 지역에 비해 티베트에 얼마나 많은 보조와 우대를 해주는지 알 수 있다.

뿐만 아니라 티베트 자치구 건립 20주년(1985)과 30주년(1995)을 기념하는 특별 행사에서 중국 정부는 티베트에 십 년을 주기로 '43개 항목의 경제 원조'와 '62개 항목의 문화 경제 원조'를 선물했고, 내륙의 다른 성에서 우수한 시공자들과 기술자들을 파견해주었다. 특히 주목해야 할 프로젝트는 1994년의 제3차 티베트공작좌담회인데 중국 정부는 이 회의 후 일대일 지원(對口支援), 즉 중국 내 하나의 성이 티베트의 낙후된 한 지역을 맡아 경제 원조를 책임진다는 매우 광범위하고 세부적인 티베트 지원 정책을 발표했다.

중국 정부의 티베트 사랑은 여기에 그치지 않는다. 티베트의 농목인들에게는 세금을 면제해주었으며, 라싸 같은 핵심 도시에서 거두어들인 세금은 모두 라싸시를 위해 다시 쓰도록 배려해주었다. 덕분에 현재 티베트 사회는 과거 어느 때보다 경제적으로 윤택하며 티베트인들 또한 이것을 인정하고 있다. 그러나 전적으로 중앙 정부에 의존하는 경제 촉진 정책이 장기적으로 티베트의 발전과 티베트인들의 생활 그리고 심리적 측면에 얼마나 도움이 될지는 미지수다. 여기에 관한 우려는 중국 정부도 마찬가지이다. 그래서 1997년에서 1998년에 걸쳐 중앙 정부의 지원 아래 티베트 전문가들로 구성된 답사팀이 '티베트 원조 항목에 대한 효과와 사회 평가'라는 주제로 티베트에 대한 현지 조사를 실시했다. 조사 내용과 결과를 다음에 나오는 표를 중심으로 살펴보자.

표1을 보면 티베트인들이 우선적으로 희망하는 것은 병원과 학교지만 한족의 경우는 도로다. 이는 티베트인과 한족이 처한 입장과 두 민족의 이해득실 관계가 미묘하게 다르기 때문인데 이는 표2로도 알 수 있다.

티베트인들은 중국 정부에게 어떠한 방식의 원조와 도움을 희망하고 있을까? 표2를 정리해보면 티베트인들이 가장 희망하는 원조 사항은 물질적인 보상, 즉 돈이다. 믿을 수 없게도 전체적으로 차지하는 비중이 44.88퍼센트나 된다. 그 다음이 정책(34.31퍼센트), 행정 간부(12.06퍼센트)와 기술 간부(8.69퍼센트) 파견 순이다. 그런데 한족이 희망하는 우선적인 방법은 '정책'이었다. 한족은 기술 간부 파견에 비교적 높은 비중을 보였으나 티베트 민족과는 달리 물질적인 보상과 행정 간부의 파견은 전체에서 차지하는 비중이 높지 않았다.

중국 정부의 티베트 원조 정책은 티베트인들의 교통 문제, 기초 설비의 낙후 문제, 그리고 투자 환경을 많이 개선시켰다. 그리고 이러한 환경 변화는 티베트에 거주하는 대다수의 한족과 일부 티베트인(티베트 간부)들에게 '대가정(大家

표1. 희망하는 원조 방법[105] (조사 대상 : 총 1,749명)

		수치	선택 사항				선택 포기	합계
			공장 전기발전소	병원 학교	사무실 호텔	도로		
민족	장족	명	242	740	167	535	7	1,691
		%	14.31	43.76	9.88	31.64	0.41	
	한족	명	20	10	2	26	0	58
		%	34.48	17.24	3.45	44.83	0.00	
직업	농민	명	183	645	160	437	2	1,427
		%	12.82	45.20	11.22	30.62	0.14	
	간부	명	73	87	7	100	5	272
		%	26.84	31.99	2.57	36.76	1.84	
	기타	명	6	18	2	24	0	50
		%	12.00	36.00	4.00	48.00	0.00	
총 인원		명	262	750	169	561	7	1,749
		%	14.98	42.88	9.66	32.08	0.40	100

표2. 희망하는 원조 방법[106] (조사 대상 : 총 1,749명)

		수치	선택 사항				선택 포기
			돈	행정 간부의 파견	기술 간부의 파견	정책	
민족	장족	명	768	208	140	574	1
		%	45.42	12.30	8.28	33.94	0.06
	한족	명	17	3	12	26	0
		%	29.31	5.17	20.69	44.83	0.00
직업	농민	명	676	193	103	455	0
		%	43.37	13.52	7.22	31.89	0.00
	간부	명	88	13	48	122	1
		%	32.35	4.78	17.65	44.85	0.37
	기타	명	21	5	1	23	0
		%	42.00	10.00	2.00	46.00	0.00
총인원		명	785	211	152	600	1
		%	44.88	12.06	8.69	34.31	0.06

庭)[107]'이라는 심리적 안정감을 불어주었다. 그러나 이 조사 결과가 시사하는 몇 가지 우려 사항들을 점검해볼 필요가 있다.

첫째, 개혁 개방 이래 티베트 자치구의 빈곤부양 작업, 다시 말해서 경제 원조 정책은 큰 성과를 거두고 있는 실정이다. 1991년부터 1994년까지 4년 동안 전 자치구의 각급 은행이 빈곤부양에 투자한 대출금은 6,300만 위안이며, 7만 5,000여 명이 빈곤 구조를 받았다. 이 중 2만 4,500명이 빈곤에서 벗어나게 되었다. 그런데 빈곤부양이 진행되는 과정을 보면, 빈곤 문제 해결이 점점 어려워지고 있고 빈곤 인구가 줄어드는 속도도 갈수록 느려지고 있다. 빈곤 형성 메커니즘에 대한 전체적인 연구를 뒤로 한 채 '경제 수혈' 위주의 빈곤 부양 방식을 채택하여 단기간 내에 빈곤 인구를 줄이는 것에 주력했기 때문이다. 더욱이 문화적 빈곤의 중요성을 소홀히 여기고 단순히 물질적 구제에만 의존하여 빈곤 지역 주민들이 자립 자강적인 창업 정신을 고취하는 데 방해가 되고 있다. 잘못하면 단순 물질 구제 사업의 부정적 효과로 장기 빈곤을 초래할 수도 있다.[108]

둘째, 중국 정부의 대규모 투자와 지원 정책은 대부분 라싸 지역을 위주로 이루어지고 있다. 1984년의 43개 항목의 원조와 투자 진행 과정 중 총 투자액의 69.2퍼센트가 라싸에 집중적으로 돌아갔다. 이는 라싸 이외의 기타 주요 도시 투자액 총액을 초과한다.[109] 1995년 62개 항목의 경제 문화 투자 프로젝트 역시 핵심 몇 개의 지역을 벗어나지 않는다. 당시 투자 지역의 순위는 다음과 같다. 싼난 지역(총 투자액의 28.85퍼센트), 시가체 지역(28.45퍼센트), 그리고 라싸 지역(15.98퍼센트) 순이다.[110]

중요한 것은 이러한 도시에 대한 투자가 대부분 관광 설비 구축, 문화산업 인프라 구축, 체육관 시설 확충 등에 집중되고 있어서, 일반 지역 티베트인들의 생활과는 무관한 일방적 '선물'에 그친다는 것이다. 이로 인해 지역 간 불균형 발전 문제가 점진적으로 표출되었고, 이는 티베트 간부와 일반 티베트인들 간의 심리적 균열 문제, 더 나아가 지역 간의 마찰 문제로 심화되고 있다.

셋째, 티베트인들과 한족의 심리적 정서가 다르다는 것이다. 중국 학자들이 주도한 〈티베트 원조 항목에 대한 효과와 사회 평가〉에 따르면 대다수의 한족은 중앙 정부의 정책이 긍정적 영향력을 발휘한다고 굳게 확신하고 있는(70퍼센트 정도) 반면 티베트인들은 별 영향이 없다고 여기고 있다(45퍼센트 정도). 이렇게 다른 반응은 어디서 연유한 것일까? 이유는 간단하다. 각종 지원과 투자, 개발 계획이 한족의 시각에서 일방적으로 진행되고 있기 때문이다. 표1과 표2에서 알 수 있는 것처럼, 현재 티베트인들이 절실히 필요로 하는 병원과 학교 등은 개발에서 배제되거나 원조가 미흡하다. 티베트인들을 위한 개발에 정작 티베트인들의 목소리는 반영되지 않고 있는 것이다. 자신들의 영토에서 자신들을 위한 변화와 개발이라면 응당 해당 민족이 주체가 되어야 할진대 현실적으로는 중앙 정부와 한족이 주인이 되어 진행되고 있는 것이다. 이 때문에 많은 투자와 경제 원조에 비해 실질적 효과나 티베트인의 만족감은 별로 크지 않다. 문제는 그것만이 아니다. 한족의 시각과 잣대로 티베트 사회의 변화를 주도하는 분위기는 충돌을 야기할 수도 있다. 이에 중국은 은근슬쩍 하나의 원칙을 견지해오고 있다. 바로 '한족화' 다. 잠복해 있는 반감의 목소리와 충돌의 위기를 자연스럽게 해소하는 방법인 것이다. 그렇기 때문에 중국 정부의 개발은 티베트 민족의 정서와 실질적인 혜택을 고려한다기보다는 한족을 위한 것이며 크게는 티베트 사회를 한족화하려는 목적을 갖고 있다. 다행인지 불행인지 티베트는 중국 정부의 의도대로 흘러가고 있다. 외관상의 변화는 물론이고 티베트인의 영혼이 담긴 전통문화까지도 흔들리고 있다. 다음에서는 천장 문화를 중심으로 변화하는 티베트 사회와 흔들리는 전통문화를 살펴보겠다.

(2) 변화의 바람

고대 티베트에서는 집안의 남자 중 적어도 한 사람은 사원에 들여보내려고 노력했다. 당시 평민이 아닌 라마승으로 사는 것은 매우 영광된 일이었고 신분 상승으로 인한 보이지 않는 특권이 있어 부(富)를 축적할 수 있었기 때문이다. 중국의 티베트인 학자 둬제차이단(多杰才旦) 교수의 설명이 이를 뒷받침해준다.

> 과거 티베트에서 사원은 그 사원이 있는 지역에서 경제적으로 독립적인 주권을 행사했다. 봉건제 아래에서 토지와 농노의 소유권은 원칙적으로 티베트 지방 정부에 있었지만 실제적으로는 삼대 영주인 불교 사원과 정부 관료, 귀족이 경작지와 목장 등 티베트 영토의 95퍼센트 이상과 농노의 대부분을 소유하고 있었다. 그중에서도 사원이 보유한 재산이 가장 많았다. 1959년 이전 자료를 보면 사원과 고위 승려는 티베트 경지의 약 37퍼센트를 소유하고 있었고, 목장이나 가축의 소유 비율도 비슷했다. 또한 티베트 왕조는 불교와 관련된 일이라면 막대한 지출을 아끼지 않았는데, 이는 사원과 승려가 부의 소유자임과 동시에 최대 소비자였음을 확인시켜준다.[111]

그러나 1951년 중국 인민해방군의 티베트 점령은 불교 사원과 승려들의 위상에 엄청난 변화를 가져왔다. 십 년간의 문화대혁명 기간 동안에는 폭력으로 사원이 파괴되었고 수많은 고승들이 사라졌다. 사원의 권위와 영향력은 땅에 떨어졌고, 지지 기반은 잃은 사원은 생활고에 시달려야 했다.[112]

1980년대부터 중국 정부에서는 티베트 불교 문화유산 보존이라는 명목으로 약간의 보조금을 지원하고 있으나 사원의 재정 상황은 그리 좋지 않다. 중국 정부는 이쓰양쓰(以寺養寺), 즉 자력갱생하여 사원 스스로 먹고살라는 입장이며, 이에 따라 사원들은 다양한 방법으로 자구책을 마련하고 있다.

즐궁 사원 역시 사원을 유지하기 위해 다양한 변화를 시도하고 있었다. 즐궁 사원은 대도시가 아닌 해발 5,100미터의 오지에 있기 때문에 그나마 개발의 때를 타지 않았다고 할 수 있다. 필자가 머물 당시 사원에서 수행하는 라마승 중에는 속세의 현실을 전혀 모르는 사람들도 많았으며 심지어 한 번도 사원 밖으로 나가지 않고 고승들도 있었다. 물론 사원에 있는 라마승 모두가 이런 것은 아니다. 수행승과 달리 행정을 주관하는 행정승들은 한족이나 티베트 민간인들과의 왕래가 잦았다.

장기간 투숙하며 관찰하면서 즐궁 사원도 개방과 현대화라는 물결 속에서 생존을 위해 변화를 모색하고 있음을 알 수 있었다. 우선 외국인 관광객을 위해 현대화된 초대소가 건립되었다. 하룻밤 숙박료로 15위안 정도를 받는 이 초대소는 봄여름의 성수기에는 끊이지 않는 방문객으로 방이 모자랄 지경이라고 한다. 또한 라싸에서 관광객들을 실어 오는 사원 전용버스도 구비하고 있었다.

사원의 경영이 어려워지면서 티베트의 유명한 사원 중 관광객들을 위한 초대소와 기념품 장사를 하지 않는 곳이 없다. 유명하고 승려가 많은 큰 사원인 경우는 그나마 사정이 낫지만 지방의 조그마한 사원들은 현실적으로 사원을 유지하

뢰보채 지역의 관광 상품들. 유명한 사원들은 관광객들을 위한
초대소 운영과 기념품 장사로 재정을 유지한다(위)
관광객들이 탄 버스(아래)

기가 쉽지 않다. 그래서 임의적인 입장료 인상과 사원 내에서 사진 촬영에 대해 불법으로 돈을 받는 행위 등이 생겨나기 시작했다.

생존을 위한 사원들의 노력에는 몇 가지 공통분모가 있다. 먼저 대형 사원에서는 라마승 몇 명을 선발하여 중국어와 영어 등 외국어 교육을 시킨 후 가이드로 활용하기 시작했다. 티베트의 유명한 사원은 매년 여름 성수기에 순례객들로 문전성시를 이루지만 가이드는 대부분 한족이었기에 티베트 문화와 사원에 대한 제대로 된 소개는 기대할 수 없었다. 이런 상황에서 사원이 좀 더 능동적으로 대처하기 시작한 것이다. 또한 사원의 역사와 전통을 홍보하기 위해, 경전 번역 사업을 시작했다. 번역 사업이 시작되면서 영장(英藏) · 장영(藏英) 사전 편찬 작업도 활발해져, 이제는 라싸 시내의 주요 서점에서 이들 사전을 어렵지 않게 구할 수 있다. 이러한 번역 사업은 출판 사업으로, 다시 출판을 위한 컴퓨터 지식 활용에 영향을 미쳐, 사원에서 선발된 라마승들이 라싸의 한족에게서 컴퓨터 교육을 받기도 했다. 이러한 사업뿐만 아니라 일부 사원에서는 글로벌 시대에 발맞춰 해외 홍보에도 힘을 쏟기 시작했다.

아직 방대하지는 않으나 14대 달라이 라마의 종파인 겔룩파는 일찍부터 국제화 사업을 다각도로 벌이고 있다. 유럽과 미국 등지에서는 티베트 명상 센터가 붐을 이루고 있고, '활불(活佛)'의 역할에 힘입어 적지 않은 외화 벌이를 하고 있다. 중국 경내에서의 한계를 제삼국에서 극복하려는 또 다른 형태의 자구책인 것이다.

사원에 앉아 불경을 공부하고 수행에만 정진하던 시대는 지났다. 외부와 단절된 삶은 '고립'으로 귀결된다는 시대의 흐름을 감지한 라마승들은 매우 실용적으로 움직이고 있다. 변화에 적응하기 위해서 사원의 현대화, 그 주체인 라마승들의 '정신의 현대화'가 되지 않으면 도태될 수도 있기 때문이다.

이러한 변화의 바람은 티베트의 일반 민중에게도 불어 닥쳤다. 티베트인들 사이에서 신앙의 변화가 일어나기 시작한 것이다. 제일 큰 변화는 절대 불변할 것 같았던 불교 신앙층의 변화다. 물론 여전히 티베트인들에게 불교는 삶의 일부다.[113] 티베트인들의 종교는 오로지 불교뿐일 것이라는 잘못된 상식이 있지만 사실은 그렇지만도 않다. 티베트가 대문을 열어놓은 지 삼십 년 만에 철옹성 같던 불교의 틈새로 '이슬람교'와 '천주교'가 발을 들여놓았고 소수이기는 하지만 신도들도 생겨났다.[114]

더 놀라운 사실은 과거와 달리 요즘 티베트인들은 자신의 재산을 사원에 봉양하는 데 전부 쓰지 않는다는 것이다. 과거 티베트인들은 자신이 신봉하는 사원이나 활불에게 모든 것을 아낌없이 바쳤다. 살아생전의 물질적인 부보다는 영적인 풍요로움을 중시했기 때문이다. 따라서 종파의 사원 대법회 축제 같은 때에는 헌금뿐만 아니라 집안의 자산인 소나 양까지도 기꺼이 헌납했다. 하지만 이렇게 순진하고 고집스러운 티베트인은 점점 줄고 있는 실정이다. 티베트인 짜시(札西, Bkra shis) 라마가 쓰촨성 더거현의 유명한 불교 사원의 주지로 있었을 당시의 경험담은 시사하는 바가 크다. 과거에는 사원의 법당을 보수하기 위한 노동력이 필요할 때 마을 사람들이 아무 조건 없이 달려와 기꺼이 노동 보시를 했다. 그러나 지금은 상황이 달라져서 조금이라도 보수를 지급하지 않으면 스스로 달려와 도와주는 티베트인은 찾기가 쉽지 않다고 한다.

1992년 중국의 티베트 전문 방송인 티베트 인민 텔레비전에서 〈민족의 꽃〉이란 프로그램을 진행하며 '티베트의 새로운 불자들'이라는 제목으로 티베트 청년들의 신앙 가치관을 다룬 적이 있다. 이전 세대와 달리 그들은 '돈'과 '경제적 능

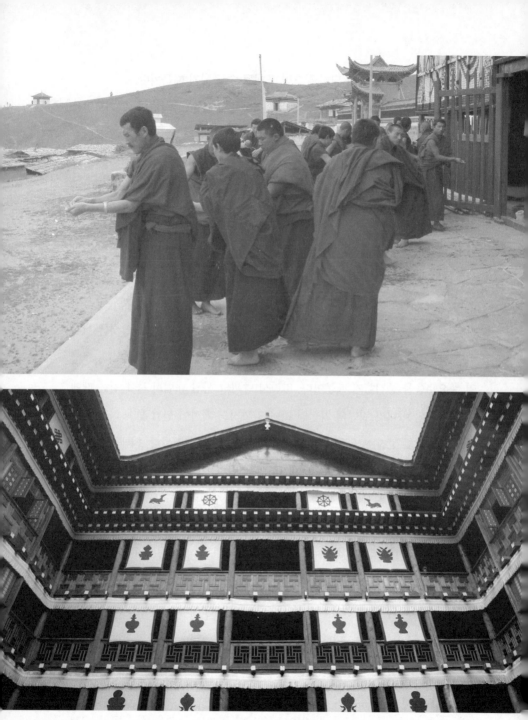

중국이 티베트를 점령한 이후로, 티베트 사원의 라마승의 지위와 대우는 현격히 떨어졌다. 라마승들도 이제
는 생존을 위한 자구책을 찾아야 한다(왼쪽 위)
관채. 고대 관리가 살던 개인 별장이다(왼쪽 아래와 오른쪽)

력'을 매우 중시했으며 신앙은 그 다음이었다. 쉽게 말해서 신앙은 배가 부르고 난 다음에 생각해볼 문제라는 것이다. 그들은 정서적인 안정과 정신적 풍요로움보다 노동 후의 물질적인 보수에 더 많은 관심을 보였다. 그렇다고 티베트 청년들이 믿음이 없거나 보시를 전혀 하지 않는 것은 아니었다. 그들은 여전히 사원을 경외하며 공양을 미덕으로 생각하지만, 과거처럼 공양이 영순위인 것은 아니라는 것이다. 우선 자기 생활을 중심으로 돈을 사용하고 여력이 남으면 그제야 비로소 물질 공양을 한다.

현재 라싸에는 이러한 신세대 티베트 청년들이 적지 않다. 그들의 생활환경은 이전 세대와 다르다. 그들은 사고방식도 가치관도 부모 세대와는 다르며 다른 이상형을 꿈꾼다. 그들은 모어(母語)인 티베트어보다는 중국어나 영어를 배워 설산 고원을 떠나 베이징이나 인도로 유학 가길 원한다. 같은 티베트인보다는 내심 한족과의 결혼해 보이지 않는 사회적 특혜를 받으려 한다. 따라서 그들이 대대로 내려오는 티베트식 전통문화를 이해하기는 쉽지 않다. 여러 세대가 같이 모여 사는 대가족에서 이는 부모와 자식 간의 갈등과 마찰의 요인으로 작용하기도 한다.

이처럼 티베트의 개방과 현대화 바람은 티베트 사회에 물질적인 변화를 주도하고 있으며 이는 전통의 뿌리가 비교적 박약한 청소년들에게 영향을 주고 있다. 티베트 대학의 창바추제 교수는 이러한 현상을 한 마디로 정의했다. "지금 라싸의 거리는 매우 각박해져가고 있다." 과거 라싸에서는 모르는 사람들도 서로 인사하고 웃으며 지냈고, 거리가 활기 있고 따뜻했다. 그러나 물질적인 발전을 이루고 있는 지금은 너무 삭막하다는 것이다. 현대화의 여파로 새로운 세계와 물질의 맛을 느낄 수는 있으나 사람들 사이에서 '정'이 메말라가고 있다는 것이다. 예를 들어 과거 티베트인들은 민속놀이를 할 때도 하나로 뭉쳐 정신적인

가치관의 변화는 천장에도 변화를 가져왔다

유대를 느끼곤 했다. 그러나 현재 티베트 젊은이들 중 티베트어로 진행되는 티베트식 놀이 문화를 아는 사람은 많지 않으며, 그들은 관심은 이미 다른 세계로 전이되었다는 것이다. 평생 라싸에서 태어나 살고 있다는 티베트인 노 교수의 눈가에는 안타까움이 배어 있었다.

　이러한 티베트인들의 가치관 변화는 자연스레 그들의 생활양식, 즉 전통문화에도 파급되기 시작했다. 특히 영원히 유지될 것 같았던 장법의 변화는 주목할 만하다. 장법의 의식은 기본적으로 '상징의 덩어리'라 할 수 있다. 전통적 의식이나 의례적 행위 양식은 기본적으로 일상적 커뮤니케이션의 규칙들에 얽매여 있지 않다. 그만큼 외부의 환경적 요건에 좌우되는 영역이 아니라는 것이다. 그

티베트에서도 상인들에게 휴대전화는 필수

현대화 이후 티베트의 젊은이들은 말보다 오토바이를 즐겨 탄다. 그들은 사고방식도 가치관도 부모 세대와
다르다(왼쪽 맨 위)
티베트의 젊은이들에게 휴대전화는 현대화의 상징이다(왼쪽 중간)
라마승도 염주와 휴대전화를 동시에 가지고 다닌다(왼쪽 맨 아래)

런데 지금 티베트 사회에서는 전통적으로 존중받던 상징적 장법 의식이 변하고 있다. 이는 무엇을 말하고 있는 것일까. 그 변화의 현상과 의미를 탐색해보자.

2. 돌연변이의 출현

티베트인들은 매우 오랜 시간 동안 깊은 명상과 경험을 통해 '영혼'이라는, 눈에 보이지 않는 정신의 세계를 축적해왔다. 그들은 육체보다는 영혼을 중시하여 영혼 문화의 집약체인 장례 의식을 각별히 유지해왔다. 그런데 천년만년 불변할 것 같았던 그들의 영혼 의식이 최근 변화의 조짐을 보이고 있다. 특히 전통적으로 사랑받아오던 천장이 차츰 외면당하고 있다. 고집스럽게 전통의 끈을 붙잡아 왔던 티베트인들의 또 다른 선택은 무엇인지, 이런 변화의 이유로는 어떤 것들이 있는지 티베트 현지 학자와의 인터뷰를 통해서 그 현상의 의미를 살펴보았다.

(1) 화장의 유행

엄격히 말하자면 각 지역의 환경적 특수성이 있기 때문에 천장이 티베트인들의 유일한 장례 문화라고는 할 수 없다. 그러나 대표적인 도시 라싸와 시가체 등으로 이어지는 전장(前藏) 지역은 전통적인 천장 문화 권역이다.

라싸에 존재하는 대표적 겔룩파 사원으로는 쎄라곤빠와 제붕곤빠가 있다. 이들 사원은 규모와 승려 수로 보건대, 티베트 전 지역에서 단연 최대의 규모와 승려 수를 자랑한다. 오래전부터 이 사원에도 겔룩파식의 천장 의식이 존재해왔으며 인근의 티베트인들이 보편적으로 찾아왔다. 그러나 최근 몇 년 사이의 현대

현대화된 티베트 시내. 이제는 티베트인 사이에서도 빈부 격차가 생겨 차별 의식과 우월 의식이 나타난다.

화 물결 속에서 이들 사원이 주관하는 천장 의례는 점차 외면당하고 있다. 천장 의식을 치르기 위해 이들 사원을 찾는 일반인들이 급감하고 있는 것이다. 이유는 간단했다. 현재 티베트인 사이에서 깔끔하고 편리한 화장이 유행하기 때문이다.

과거 티베트 사회에서 화장은 일부 계층에만 국한된 지극히 특별한 의식이었다. 귀족 계급이나 일부 고위층 라마승에게만 부여되는 특권과도 같은 것이었다. 달라이 라마와 같이 절대적 권위를 지닌 신분은 탑장도 가능했다. 이러한 장례 문화의 차이가 자연스럽게 티베트 사회의 위계질서를 체계화시켰으며 부가적으로 안정적인 통치를 유지하는 기능도 담당했다.

1990년대부터 본격적으로 티베트 사회에 대외 개방과 현대화의 물결이 밀어

닥치자 제반 의식과 생활양식이 한족의 그것으로 상당 부분 변화하고 있다. 영적 안정과 평화보다 물질적인 풍요를 중요하게 생각하면서 불경보다 상업 의식이 우선시되었고 빈부 격차도 나타나기 시작했다. 1980년대 초반 한족과 티베트 민족 간에 보이기 시작한 빈부 격차는 현재 티베트인 사이에도 생겨나 차별 의식과 우월 의식이 형성됐다. 티베트인 사이에서도 소위 주류와 비주류가 형성된 것이다.

현재 라싸에서 부(富)를 축적한 티베트인이라면 누구나 화장을 할 수 있다. 여전히 목재는 부족하지만 돈만 지불한다면(1,500위안에서 2,000위안 정도, 우리 돈 20만 원 내외) 신분에 상관없이 자신이 원하는 대로 장례를 치를 수 있다. 오히려 사원의 라마승은 돈이 없어 화장을 하지 못할 형편이 되었다. 현재 라싸에서 화장은 경제적 능력을 과시하는 방법 중 하나가 되었다. 한족이 경제력을 표시하는 방법으로 번쩍거리는 차와 주택을 구입하고 있다면, 티베트인들은 그에 상응하는 것으로 화장을 택하고 있다.

(2) 전장(電葬)의 출현

화장의 유행과 함께, 현재 라싸에는 새로운 장례 의식이 비밀스럽게 이루어지고 있다고 한다. 나는 티베트 대학 예술대학원의 티베트인 다와추제(撻挫曲結) 교수와의 인터뷰를 통해 이 새로운 장례 문화에 대하여 들을 수 있었다. 극소수이기는 하나 비밀스러운 장소에서 전장(電葬)이라는 돌연변이 장례 의식이 치러지고 있다는 것이다. 이 장법은 매우 간단하다. 우선 드럼통 같은 것을 준비한 다음 그 속에 시체를 밀어넣고 고압의 전기로 순간적으로 태우는 것이다. 이때 일반적인 티베트 화장에서는 반드시 망자의 식구가 참여해야 하지만 전장에서는 참석하지 않아도 된다. 이 장법을 선호하는 극소수의 티베트인들은 시체만 전해주고 대부분 돌아간다고 한다. 특별한 전통 의식이나 주술 행위가 없기 때문이다. 장례 비용이 2,000위안에서 3,000위안 사이로 비싼 편인데 이 장법 또한 경제력을 과시하려는 일부 티베트인들의 관념을 그대로 보여주는 변색된 행위라고 한다. 티베트의 교수 월급이 많아야 한 달에 500위안 정도임을 감안할 때 이 장례 비용은 만만치 않은 금액이다. 무엇보다 주목해야 하는 부분은 보편적으로 행해졌던 천장을 번거롭고 시간 낭비라고 여기는 인식에서 전장이 출현했다는 것이다.

다와추제 교수는 이 새로운 문화에 대해 대단히 부정적인 입장이었다. 그는 전혀 티베트적이지 않은 돌연변이 문화가 왜 생겨났는지 매우 의문스러우며 곧 사라지길 바란다면서 전장이 비밀스럽게 진행되는 관계로 현장을 직접 확인할 길이 없어 그 내용과 형태를 정확히 묘사할 수는 없으나 훗날 이 장법이 일반인들에게 퍼질 가능성도 간과할 수 없다고 우려했다. 다와 교수는 이 외에도 대외 개방 이후 생겨난 부정적인 현상을 설명해주었다. 사원에 좀도둑이 많이 생겨났다는 것이다. 과거 사원은 숭고한 예불의 장소이며 자기반성의 엄격한 도장이었다. 그러나 개방과 현대화로 관광객들이 급격히 늘어나자 사원에 산만함이 생겼고, 승려들이 자연스럽게 부적절한 행동을 하기 시작했다는 것이다. 다와 교수는 신성한 사원에서 있어서는 안 되는 좀도둑이 출현하게 된 배경으로 무분별한 사원 개방과 승려들의 도덕성 와해에 무게를 두었다.

현재 라싸와 같은 도시의 경우는 현대화로 인해 물질문명의 혜택을 받는 티베트인이 늘어나면서 기존의 천장터를 찾는 숫자가 지속적으로 감소하고 있으며 헌신과 수양의 덕목을 갖춘 천장사를 배양하는 것도 현실적으로 매우 어렵게 되었다. 문제는 작금의 현실이 아니라 미래다. 지금은 천장을 그나마 유지하고 보호하려는 기존의 1세대 티베트인들과 현지 학자들이 존재하지만 문제는 그들의 자손인 것이다. 청소년층인 그들은 현재 이미 현대화된 문명 속에서 자라나고 있다. 적지 않은 티베트인 자녀들이 베이징을 비롯한 내지의 유명 대학에서 유학 생활을 하고 있다. 티베트 현지에서 살고 있는 젊은이들도 참파와 수유차보다는 한족의 음식과 콜라에 길들여지고 있으며 말과 야크보다는 오토바이를 즐기고 있다. 이런 그들이 과연 전통적 천장 의식을 올바로 이해하고 전승할 수 있을까. 이는 아마도 앞으로 천장을 온전하게 유지하고 전승하는 데 있어 매우 중요한 문제가 될 것이다.

다와 교수의 말을 빌리자면, 티베트 사회는 지금 현란하게 변화하고 있는 중이다. 변화의 촉진 요인으로는 대외 개방에 따른 다양하고 과도한 물적 · 인적 자원의 진입, 현대화로 인한 티베트인들의 심적 동요 그리고 티베트인 간의 빈부 격차 등을 꼽을 수 있다. 최근 몇 년 동안 급속하게 형성된 이러한 제반 환경들은 티베트 사회의 전통과 관습을 강력하게 흔들고 있다. 그렇다면 대안은 없는가? 티베트 사회는 이대로 중국 정부의 의도대로 흡수되는 걸까? 과거 찬란했던 티베트 불교 왕조의 부활은 아니더라도 그나마 전승되어오던 전통적인 문화와 삶은 보전되어야 하지 않을까? 그렇지 않다면 결국 티베트는 잃어버린 왕국으로 전락하게 될 것이다. 이러한 현실적 문제의 대안은 아마도 현 달라이 라마의 향후 행보에 달려있을 것이다. 그의 행보와 영향력은 과거에 비해 현저하게 떨어졌지만 그의 존재감은 여전히 무시할 수 없기 때문이다.

현대식으로 차려입은 티베트인들. 그들과 대화하면서 외관과 삶의 방식은 현대화되었지만 마음속으로 여전히 달라이 라마를 숭배하고 있음을 알 수 있었다

제6장

티베트의 미래
―달라이 라마와 중국 정부

한평생 붉은색 승려복을 입고 경전을 들고 세계를 떠돌면서 사람들의 가슴속에 평화와 사랑을 심어주는 달라이 라마는 티베트의 유일한 희망이다. 이 인자하고 따뜻한 노승이 티베트의 미래에 관하여 중국 정부와 마지막으로 담판 지을 시기가 다가오고 있다.

라싸의 쎄라곤빠에서 불교 벽화를 보면서 소원을 비는 노인

1. 티베트 문화의 상징성

고대 티베트 사회에는 신분의 고하가 존재했다. '활불'이라는 최고의 정치적 · 종교적 권위를 부여받은 영적 지도자들과 그 측근의 최고위층 인사들, 존경받는 라마승들 그리고 소수의 귀족 계급들이 상층류에 속한다. 대다수의 민중은 독립적인 인간이라기보다는 그들을 경외하고 신성시하는 충실한 신도에 불과했다.

좀 더 솔직히 이야기하자면, 당시 티베트 민중은 오늘날 우리가 가치를 부여하는 평등과 자유의 개념이 무엇인지도 몰랐고 알 필요도 없었다. 그들은 그저 냉엄한 생존 환경 속에서 외부 세계에 대한 직감적인 공포를 안고 살았다. 그리고 목숨을 위협하는 대상들이 불규칙하게 엄습해올 때마다 본능적으로 무엇인가에 의탁하고자 했다. 이런 그들에게 초창기의 원시적 종교 행위와 가치관이 생겨난 것은 필연적인 사회적 부산물이었다.

인간은 누구나 가슴속에 '희망'이라는 한 줄기 빛을 품고 살아간다. 그 희망이 어떤 것이든 간에 마음속에 갈망하는 것이 있어야 현실의 고단한 삶을 버틸 수 있는 것이다. 티베트 사회에서 '활불'의 등장은 한 줄기 밝은 햇살과도 같은 것이었다. 이 세상이 아무리 험하고 힘들지라도 다음 생에는 좋은 곳에서 태어날 수 있다는 희망이 생겨난 것이다. 누구라도 다음 생에는 활불로 태어날 수 있다는 기대를 품고 살 수 있었다. 문자를 해독할 능력이 거의 없는 민중이 '인과응보'나 '윤회'라는 눈에 보이지도 않는 불교 이론을 믿게 된 것은 그런 희망 때문이다. 티베트 민족에게는 자생적으로 생겨난 본교가 있었지만 구체적이고 논리적인 불교가 더욱더 매혹적이었다. 본교와의 주도권 싸움에서 승리한 불교는 통치자와 일반 민중의 지지를 받아 교세를 넓히기 시작했다. 덕분에 티베트 불교는 종파가 난립하고 영적 지도자가 여기저기서 출현하는 혼란에 직면하기도 했다. 수많은 종파들이 저마다 깨달음을 얻은 최고의 영적 스승이라고 주장하면서 소멸과 병합을 반복하다가 최후에는 4대 종파가 남게 되었다. 이러한 귀결이 티베트 사회에 체계적인 질서와 안정을 가져왔고 티베트 민족을 하나로 응집할 수 있는 힘을 발휘했다.

티베트 불교의 특징 중 하나는 수행 방법이 매우 다각적이라는 것이다. 대표적인 4대 종파는 각각의 교의에 따라 영적 풍요로움을 추구하는 수행 방법이 저마다 다르다. 또한 종파별로 서로 다른 특색을 갖춘 핵심 사원들이 지역마다 존재하고, 티베트 전 지역에 종파를 구별하기 어려운 불교 사원들이 존재한다. 이것은 티베트 문화의 가장 큰 특색 중 하나이기도 하다.

'천장'이라는 독특한 장례 문화는 외부 세계와 완벽히 차단된 상황 속에서 형성된 티베트 민족의 전통문화다. 이 장례 의식 속에는 티베트 민족의 축적된 삶의 가치관과 내면세계가 고스란히 담겨 있다. 이방인들에게는 기이하게 보일지 몰라도 티베트 민족에게는 무엇보다도 중요한 삶의 방식이다. 그런데 오늘날에 이르러 이 장례 의식의 전통성과 정체성이 흔들리는 조짐을 보이고 있다. '초안

간쑤성과 칭하이성이 교차하는 곳에 위치한 랑무스. 겔룩파의 사원이다

정성(超安定性)' 115)에 근거하는 티베트 문화의 특성이 무색할 지경이다. 티베트 민족의 보편적인 장례 방식이었던 천장은 이제 신분에 상관없이 화장으로 대체 되기에 이르렀다. 또한 천장 의식에서 절대적으로 필요한 천장사의 전통적 가치 관이 변함에 따라 앞으로 그들의 존재 여부도 불투명하게 되었다. 더욱 심각한 것은 티베트인들이 가장 중요시하는 영혼의 온전한 이송 문제, 즉 그것을 책임 져야 하는 전문 라마승(주술사)의 전승 문제 또한 고민거리로 부상하고 있다는 것이다. 이러한 현상은 유기적으로 확대되어 소속 사원의 지명도와 사원의 유지

간쑤성에 있는 쎄창곤빠 내부. 아침저녁으로 고승들이 경전을 강론하는 곳이다

에도 적지 않은 영향을 주고 있다. 티베트의 문화는 불교라는 핵심 기둥과 서로 맞물려 상호 유기적인 관계에 놓여 있기 때문이다. 하나가 흔들리면 결국 함께 흔들리게 되어 있는 구조이다.

현실적으로 천장 문화는 여기저기서 붕괴 위협을 받고 있다. 물질의 풍요로움과 편리함을 맛본 티베트인들은 이제 천장 의식은 시간을 낭비하거나 번거로운 장례 절차라고 인식한다. 돈만 지불하면 번거로운 절차 없이 깔끔하게 화장을 할 수 있다. 시간을 절약할 수 있는 것이다. 빈부 격차가 심화되고 있는 티베트 사회에서 부유한 일부 티베트인들은 과거와 다르게 다른 사람의 눈을 의식하지 않는다. 이런 시대 상황이 천장 문화의 붕괴를 더욱 부채질하고 있다. 천장사나 전문 주술사들도 육체적 · 정신적으로 매우 힘든 길을 고집스럽게 걷기에는 개방된 티베트 사회가 너무나 유혹적이다. 사원의 승려가 환속을 원하거나 천장사가 경제적으로 풍요로운 도시로 떠나버리는 경우가 속출하고 있는 상황이 이것을 잘 보여준다.

쎄창곤빠의 내부

이 같은 상황이 천장이라는 장례 문화의 위기만을 의미하는 것은 아니다. 문화는 살아 있는 생명체와 같아서 상황과 시대에 따라 변용되고 변화할 수 있는 가변적 유기체지만, 정신세계를 담고 있는 관혼상제는 전환과 변화의 속도가 매우 느리다. 특히 개방된 도시 지역보다 봉쇄된 지역일수록 이러한 정신세계는 강고하게 지켜진다. 티베트 문화의 상징성 역시 오랫동안 축적된 종교 문화의 원시성과 안정성이 지속되어 집약된 것이다. 그런데 정신마저 변화하고 있다면 이는 무엇을 말하는 것인가? 현재 변화가 지속되고 있고 그 방향과 범위가 점차 확대된다면 앞으로 티베트는 어떤 모습으로 우리에게 다가올까?

1949년 중국 공산당은 하나의 정부가 중국 본토를 통치한다는 구호의 깃발을 들었다. 이듬해 1950년 5만 명의 인민해방군이 중국 서남부의 변강에 위치한 '티

일반인들을 위한 경배 장소

베트 왕국'을 침공했다. 당시 겨우 16세였던 달라이 라마는 그로부터 9년 동안 중
국 정부의 무례한 요구를 감내하며 협상과 타협을 벌이다 결국 1959년 3월 31일
인도로 망명했다. 인도 다람살라에 망명정부가 어렵사리 세워졌고 오늘날 이곳
은 600만 티베트 민족의 정신적 성지로 자리 잡고 있다. 달라이 라마는 이국에
머무르지만 티베트에서 그는 여전히 종교와 정치의 상징적인 인물로 추앙받고
있다. 티베트 민중이 그의 사후를 걱정하는 이유도 그의 뒤를 이을 인물이 없기
때문이다. 반세기 동안 달라이 라마는 티베트의 변화를 걱정해왔다. 티베트에 부
는 변화의 바람을 잠재울 수 있는 방법이 있을까. 티베트 문화와 가치를 온전히

보존할 방법은 없을까. 그는 이 문제를 가슴속 깊이 간직한 채 오늘도 고요한 명상에 잠겨 있다. 달라이 라마라는 존재는 살아있는 것 자체로 수많은 티베트 민중과 신도들에게 희망을 준다. 달라이 라마가 가지는 희망의 힘은 어디에서 나오는 것일까. 더불어 이제 그가 티베트 민중을 위해 해야 할 마지막 보시는 무엇일까.

2. 달라이 라마

무신론(無神論)에 기반을 둔 중국 정부의 잣대로 보자면 지금의 14대 달라이 라마는 가진 것 없는 정치적·종교적 방랑자에 불과하다. 그는 막강한 군대도 없고 튼튼한 경제적 기반도 없다. 그저 닭볏 같은 모자에 붉은 가삼만을 두른 채 전 세계를 떠돌아다니며 '비폭력주의'를 내세워 정치적 구걸을 하는 늙은 라마승에 불과하다. 그러나 중국 정부의 평가가 어찌됐든 중요한 건 티베트인들의 관심이 여전히 달라이 라마의 일거수일투족에 쏠려 있다는 사실이다. 달라이 라마의 힘은 종교에서 시작하고 종교에서 끝난다고 해도 과언이 아니다. 그런데 현재 세상에 비치는 달라이 라마의 행보는 종교적이기보다는 정치적인 것으로 보인다.

달라이 라마가 인도로 망명한 지 어느덧 반세기가 되어가지만 그의 정치적 영향력은 중국은 물론 해외 각지에 흩어져 있는 티베트인들에게 여전히 절대적이다. 현실적으로 중국 내부의 대다수 티베트인은 한 번도 달라이 라마를 직접 보지 못했다. 그런데도 그들은 여전히 그를 향해 무조건적인 숭배와 경외를 바친다. 이것은 어디서 근원하는 것일까? 그들은 달라이 라마의 개인적인 카리스마

14대 달라이 라마, 텐진갸초

와 법력에 열광하는 것일까? 나의 일천한 생각으로는 그것이 전부는 아니다. 오히려 젊은 시절에는 중국 정부를 피해 이리저리 돌아다니기에 급급했기에 개인적 수양과 공부에 매진한 시간은 그리 길지 못했을 것이다.

그럼에도 티베트인들은 달라이 라마가 '관세음보살의 화신'이라고 굳게 믿고 있으며, 이러한 신앙이 티베트 민족을 하나로 응집시키는 핵심 요소이다. 만약 '달라이 라마'라는 '법왕제'가 없었다면 오늘날 찬란한 역사를 자랑하는 티베트 불교와 거기서 파급된 문화가 유지되기 쉽지 않았을 것이다.

중국 정부가 현존 달라이 라마 즉 텐진갸초(丹增嘉措, Tenzin Gyatzo) 한 사람만을 상대한다면 티베트 문제는 그리 어렵지 않을 것이다. 문제는 달라이 라마가 가지는 상징성과 그로 인한 티베트인들의 응집력을 무시할 수 없다는 것이다.[116]

달라이 라마 제도는 여러 지역에 흩어져 있는 티베트인들을 정신적·정치적으로 통합하여 티베트 사회를 안정적으로 유지하기 위해 만들어진 고도의 정치 시스템이다. 그 정점에 있는 달라이 라마는 티베트 사회에서 최고위 신분으로 위대한 스승의 계보를 영적으로 이어오는 티베트의 상징적 통치권자이다. 달라이 라마가 정치적으로나 종교적으로 줄곧 티베트인들에게 절대적 추앙을 받아온 특수한 상황을 중국 정부는 일찍부터 감지했다. 중국 정부가 달라이 라마를 암살 등의 방법으로 축출하지 못하는 이유도 여기에 있을 터이다.

역대 14명의 달라이 라마 중에서 최장수자인 활불 텐진갸초,[117] 요즈음 그의 얼굴을 언론에서 발견하기란 그리 쉽지 않다. 과거에 비해 언론이 그에게 집중하지 않기 때문이기도 하지만, 가장 큰 이유는 그가 고령이기 때문일 것이다. 그래서인지 심지어 그가 중병이 들었으며 살날이 얼마 남지 않았다는 소문도 있다. 5대 달라이 라마 나왕롭상갸초처럼 이미 승하했는데도 정치적인 이유로 세상에 공개하지 않고 그 시기를 기다린다는 설도 들려온다. 하지만 그럴 때마다 현존 달라이 라마는 불쑥 얼굴을 내밀어 온화한 미소로 세상에 떠도는 악성 소문들을 한 번에 잠재우곤 한다. 그가 여전히 건재함을 과시할 때마다 중국 정부는 불편해한다. 그러나 확실한 것은 그도 죽음을 향해 서서히 가고 있다는 피할 수 없는 사실이다. 누구보다 명확히 자신을 들여다볼 줄 아는 달라이 라마이기에 그는 지금 자신이 승하한 후의 티베트 문제를 절실하게 고민하고 있을 것이다.

(1) 15대 활불은 탄생할 것인가

내가 대만 국립정치대학에서 유학했던 1997년의 일이다. 현존 14대 달라이 라마가 일행과 함께 엿새간의 일정으로 대만을 방문한 일이 있었다. 당시 중국 정부는 달라이 라마의 대만 방문을 대단히 불편해했다. 더불어 의도적인 정치적 행보라고 단정 지어 매우 민감한 반응을 보이며 여론을 통해 대만 정부를 견제하고 압력을 행사했다. 그럼에도 대만인들과 종교 단체의 열렬한 지지와 대만 정부의 협조에 힘입어 달라이 라마는 무난히 장제스 공항으로 입국했다.[118]

나는 그때 대만에서 티베트 불교 연구의 권위자로 칭송받던 샤오진숭(蕭金松)[119] 선생과의 인연으로 달라이 라마를 직접 알현할 수 있었다. 당시 샤오진숭 선생은 대만 대표로 달라이 라마의 통역을 담당했는데 그때 당시 필자가 그의 '티베트 불교사' 수업을 듣는 학생이었기에 가능한 일이었다. 중국 정부의 압력에도 불구하고 달라이 라마의 강연과 종교 의식은 매일 텔레비전으로 대만 전역에 생중계되었고, 연일 폭우가 쏟아졌지만 야외 강연장은 그야말로 인산인해였다.

당시 달라이 라마는 다음과 같이 갈파하고 예언했는데, 지금 와서 돌이켜보니 그가 말한 것들이 너무나도 오묘하게 적중하고 있다. "여러분들은 지금 티베트의 사정에 대해 너무나도 모르십니다. 티베트는 '독립'을 원하는 것이 아닙니다. 그리고 그것은 지금 그다지 중요하지 않습니다. 무엇보다 중요한 것은 티베트의 '전통문화'입니다. 티베트어와 불교 사원 그리고 수천 년의 전통을 유지해온 풍습이 머지않은 미래에 위기에 직면할 것입니다. 자문화가 없는 민족은 죽은 것입니다. 중국 정부의 일방적인 현대화는 사실상 티베트 문화에 부정적인 영향을 미칠 것입니다. 여러분! 우리는 마땅히 티베트 문화를 보존하고 유지하는 데 노력을 기울여야 할 것입니다. 티베트의 독립이나 지위가 중요한 것이 아니라 티베트의 우수한 문화를 세계에 알리고 보전하는 작업을 해야 합니다. 여러분 찬란한 티베트의 문화유산에 주목해주십시오!"

이 호소에는 처절한 의미가 숨어 있었다. 달라이 라마는 미래의 티베트에 무엇이 중요한지 이미 간파하고 있었던 것이다. 즉 티베트가 살아남기 위해서는 경제 성장이 아니라 전통적으로 내려오는 종교와 문화의 맥을 이어가는 것이 급선무라고 판단한 것이다. 비록 주권은 빼앗겼지만 티베트의 정신과 문화가 살아 있다면 언제라도 자기 땅으로 되돌아갈 수 있다는 것이 그의 희망이자 믿음이었다. 달라이 라마가 호소했던 중요한 화두는 '티베트 전통문화 살리기'였다.

그런데 오늘날의 현실은 정반대로 달려가고 있다. 하늘 길, 칭짱철도의 개통은 달라이 라마의 소망과는 달리 중국 정부의 다부진 의지를 보여주는 것이었다. 티베트 전통문화 살리기에 대한 역주행이 시작된 것이다. 본격적인 외부세계의 물적·인적 자원의 투입이 시작된 것이다. 이제까지가 가랑비였다면 이제부터는 홍수가 될 것이다. 그나마 고대 라마 왕조의 숨결을 유지하던 유적과 문물은 더욱더 세간의 손때를 타야 할 것이다. 물질과 외부인들의 유입은 수도 라싸를 기점으로 전 방위로 확산되고 있다. 실지로 티베트의 동부에서는 지금 오토바이가 초원을 가로지르며 말과 야크를 놀라게 하고 있다.

눈에 보이는 이러한 현상이 다가 아니다. 중요한 것은 외부세계의 진입이 티베트인들의 삶의 방식과 가치관에 심각한 영향을 끼치고 있다는 사실이다. 가치관의 변화, 이것은 곧 정체성의 흔들림으로 연결된다. 눈에 보이는 것들의 변화는 충분히 접수할 수 있다. 살아있으니 변화는 것은 당연하다. 동물이건 사람이건 가변적 유기체일 뿐이다. 그렇지만 인간에게는 쉽게 변하지 않는 가치와 그 가치의 실천 강령인 행위 방식이 존재한다. 힘들고 척박한 환경에서 살아가는 민족일수록 그들의 가치를 지켜내는 행위 방식, 관혼상제 관념은 매우 공고하다. 그런데 이 공고한 가치관이 흔들리고 있다면 이것은 무엇을 말하는 것일까.

중국 정부는 가혹하리만큼 티베트의 내적 환경을 바꾸고 있다. 내륙의 다른 지역과 마찬가지로 각종 혜택과 원조를 통해 '살기 편한' 지역으로 바꾸는 것이다. 티베트인들은 과거와 달라진 환경 속에서 자연스럽게 새로운 삶을 추구하고 있다. 목탁과 염주보다는 자동차와 좋은 집, 불교 사원보다는 아파트, 천장보다는 화장을 선호하고 있다. 환경이 바뀌었으니 바뀐 환경 속에서 살아가야 하는 인간의 방식도 당연히 바뀔 수밖에 없을 것이다. 새로운 외적 환경에 응전하고 도전할 수 있는 힘과 시간은 티베트인들의 상황에서는 원천 봉쇄되어 있다. 그들은 단지 이 변화에 순응하고 감내할 뿐이다. 티베트의 위기는 이렇게 진행되고 있다. 전통문화와 가치관이 변화하고 있고 변화의 중심에 쇠퇴하는 천장 문화가 있다. 달라이 라마의 고민은 더 깊어지고 그의 숨소리는 더욱 가빠질 것이다. 달라이 라마는 무엇을 생각하고 있을까? 이러한 현실에 대한 새로운 돌파구는 없는 것일까?

한때 티베트 전역에 이상한 소문이 돈 적이 있다. 활불 제도가 사라진다는 소문이었다. 달라이 라마 스스로가 이제는 활불 제도를 없애야 할 때라고 말했기 때문일 것이다. 그는 오래전부터 신성한 권위를 포기하려는 결심을 굳혀온 것 같다. 중국 정부는 활불 제도의 연속성 문제를 민감하게 주시해왔는데, 그로 인해 현존 달라이 라마가 승하할 경우 15대 달라이 라마로 두 사람이 옹립될 가능성도 매우 높았다. 왜냐하면 중국 정부와 14대 달라이 라마가 서로 다른 사람을 다음 세대의 활불로 지정할 것이기 때문이다. 이럴 경우 티베트 민중의 혼란만 가중될 뿐이다.

달라이 라마는 중국 정부가 준비하는 미래를 꿰뚫어보고 있다. 지금의 달라이 라마가 승하하면 중국 정부는 기어코 자신의 의도대로 새로운 달라이 라마를 옹립할 것이다. 물론 중국 정부의 꼭두각시를 각본대로 선출하는 것이다. 달라이 라마는 그 시나리오를 불을 보듯 뻔히 알고 있기에 살아생전에 그 뿌리를 아예 뽑아버리려는 것이다. 그런 이유로 그는 진정한 달라이 라마의 환생은 14대에서 끝이라고 단언했다.[120]

사실상 달라이 라마가 활불 제도를 폐지하는 선언을 한 데에는 여러 겹의 이유가 있다. 달라이 라마가 중국 정부의 의도를 미리 알아챈 것도 이유지만 변화하는 현대 사회에서 구태의연한 전통 의식에 갇히지 말자는 의도도 내포돼 있다. 달라이 라마는 말한다.[121] 요즘 수행자들이 깊은 산속이나 암굴에서 민중을 멀리한 채 자기만의 수행을 고집하는 것도 재고해야 한다고. 한때 그런 경험을 해보는 것은 좋지만 수행자로서 민중과 함께 하지 않는 것은 오늘날과 같은 열린 세상에서 문제가 된다는 것이다. 달라이 라마는 가끔 기독교 단체의 초청에도 응하며, 심지어 영국의 한 수도원에서는 성경 해석까지 했다고 한다. 그때의 연설 내용은 '달라이 라마, 예수를 말하다'라는 제목으로 출간되어, 우리나라에서도 번역되었다. 달라이 라마는 현실적인 '법왕'의 지위를 포기함으로써 변화하는 시대에 맞게 티베트 왕조를 이어가려 한다. 스스로는 수양과 구도에 삶에 더욱더 천착할 수 있고 티베트인들에게는 민주적인 새로운 활불의 탄생을 맡길 수 있기 때문이다. 달라이 라마가 법왕의 지위를 포기한다 해도 그에 대한 신뢰는 지속되고 불변할 것이다.

이러한 달라이 라마의 선택은 매우 의미가 있다. 그가 승하한 후 중국 정부를 겨냥한 대응책이기도 하거니와 변화하는 시대에 티베트 민족을 분열시키지 않고 온전히 지켜내는 새로운 대안이기도 하다. 티베트를 응시하는 그의 마음은 항상 현재에 머물지 않고 미래에 있다고 느껴진다.

달라이 라마가 승하하고 티베트가 중국에 흡수되는 것은 중국 정부가 바라는 가장 좋은 시나리오다. 전문가들은 달라이 라마가 다음 세대에 활불은 없다고 단언해도 중국 정부가 가짜 활불을 내세울 것이라고 전망한다.[122] 티베트의 통합과 안정을 위해서는 달라이 라마라는 존재가 필요하기 때문이다. 이러한 상황을 인식하고 있는 달라이 라마는 자신이 승하하기 전에 고향으로 돌아가야 한다고 생각한다. 아마 그는 티베트 민족과 문화를 위해 자신이 마지막으로 희생해야 한다고 생각할 것이다. 달라이 라마가 고국으로 온전히 귀국할 수 있을지의 여부는 중국 정부의 판단에 달려 있다. 중국은 대승적인 차원에서 달라이 라마를 귀국시키고 보호해주어야 한다. 이제 그가 고향의 품에서 편안하게 승하할

손자를 업고 말을 탄 티베트 노인

도로 위의 야크 떼 사이로 지나가는 오토바이

티베트의 활불 제도는 공평하다. 모든 어린이는 활불이 될 가능성을 가지고 있다

수 있도록 배려해주어야 한다. 더불어 훗날 티베트 민중들 앞에서 성대하고 정직하게 달라이 라마의 장례도 치러주어야 할 것이다. 그리고 티베트 민중들이 원하는 새로운 15대 달라이 라마를 인정해주어야 한다. 그 길만이 티베트 왕조가 근현대사에서 중국에게 일방적으로 당했던 그리고 지금도 감내하고 있는 역사적 · 문화적 침식을 조금이나마 치유하는 방법이다. 그것이 가능하고 현실화된다면 티베트의 미래는 결코 차갑고 어둡지만은 않을 것이다. 최소한 그들의 영혼의 안식처인 활불은 계속 존재하고 있으므로.

　활불의 지속성 문제는 현실적으로 중국 정부의 태도에 달려 있다. 달라이 라마의 마지막 선택도 결국 중국 정부의 호응 없이는 소리 없는 메아리로 그칠 뿐이다. 다행인 것은 내부적으로 과거 중국의 지도자들이 전개했던 정치 시스템에 비하면 현재 지도부의 인적 구성이 변화를 기대하기에 충분할 만큼 젊고 새롭다는 것이다. 더불어 밖으로는 2008년 베이징 올림픽을 앞두고 있어 중국의 행보가 매우 조심스러울 수밖에 없다. 이러한 내외부적 상황은 티베트의 미래에 과연 어떤 긍정적인 영향을 줄 수 있을까.

(2) 중국 정부의 변화

오늘날 티베트 문제의 열쇠를 쥐고 있는 두 축은 중국 정부와 망명 중인 14대 달라이 라마다. 그런데 불행히도 문제 해결의 실질적인 주도권은 달라이 라마가 아닌 중국 정부의 지도부가 갖고 있다.

최근 달라이 라마는 과거와 같은 왕성한 정치적 힘을 발휘하지 못하고 있다. 연로한 나이 때문일까. 망명정부를 유지하기 위해 기부금을 모으거나 그 일환으로 국외를 순방하는 일이 고작(?)이다. 달라이 라마의 대중 법회나 강연에서 발생하는 수익금은 망명정부의 살림살이에 적지 않은 도움이 되고 있다. 어떤 이는 달라이 라마가 승하하면 망명정부의 살림살이가 지금보다 훨씬 고단해질 것이라고 내다본다. 그만큼 티베트 망명정부는 달라이 라마에게 크게 의존하고 있다. 실제로 망명정부는 현존 달라이 라마가 최후의 달라이 라마가 되는 것뿐만 아니라 그가 승하하고 나서 세계 각지에서 이어지는 티베트에 대한 지지와 경제적 보조가 끊어질지도 모른다는 것을 고민하고 있다.

달라이 라마의 정치적 입지가 예전만 못한 상황에서 티베트의 미래가 온전하게 티베트 민중의 바람과 연결되려면 중국 정부의 태도가 변화해야 한다. 이는 중국 정치 체제의 변화를 의미하며 그것을 기반으로 하는 '중국식 민주주의'가 탄생해야 가능하다. 그러나 많은 전문가들은 그동안 공산당 체제[123]와 막강한 카리스마로 중국 대륙을 이끌어온 그들의 정치 생리상 단시간 내에 과감한 정치 개혁을 단행하기란 불가능하다고 전망한다.

그런데 세월이 흐르고 세계의 분위기가 바뀌어가고 있어서일까. 호응이라도 하듯 철옹성 같던 중국 공산당 내부에서도 변화의 조짐이 보이고 있다. 지도부에서 일차적으로 그 변화를 감지할 수 있는데, 다음의 몇 가지 현상은 주목할 만하다.

첫째, 중국 공산당[124]의 인사 규정에 한 사람이 최고 권좌에 십 년 이상 앉아 있을 수 없다는 새로운 조항이 삽입됐다는 것이다. 이는 1949년 중화인민공화국 건립된 이후 처음 있는 일로 최근 중국의 정치개혁 가운데 가장 혁명적인 조치로 평가된다.[125] 중국 공산당의 중앙 당교(黨校)의 한 인사는 "이번 조치는 중국이 인치(人治)에서 법치(法治)로 나아가는 정치 민주화 개혁 과정 중 매우 중요한 의미를 가진 조치"라고 해석했다.

둘째, 국가 지도부의 인적 구성이 바뀌고 있음을 감지할 수 있다. 제10기 전국인민대표자대회[전인대(全人大)][126] 제3차 회의를 계기로 당·정 지도부 구성을 조사 분석한 결과, 이공계 테크노크라트 중심 체제에서 인문·사회과학계 출신 중심의 경영·관리 체제로 바뀌고 있다고 한다.

중국의 국가 리더십은 1980년대 초 개혁개방 이후 홍(紅 : 이념 중심)에서 전(專 : 전문 관료 중심)으로 바뀐 데 이어, 2000년대 후진타오 주석의 전권 장악 이후 인문·사회과학 계열 출신을 중용하는 쪽으로 변하고 있다. 특히 2007년 중국의 고위 지도자들이 비밀리에 모여 국가의 중요 방향을 논의하는 '베이다이허(北戴河)회의'[127])에서는 후진타오 국가 주
석의 집권 2기(2007년 말 ~2012년 말)에 해
당되는 '중국의 미래 5년'을 결정할 정책 방
향과 차기 핵심 인사 배치를 논의했는데 이
회의를 거쳐 중진들이 대거 물러나고 '제5세
대 지도자'들이 전진 배치되었으며 후 주석
의 정치 노선인 '과학적 발전관'을 통한 조화
사회 건설의 청사진이 제시되었다.

후진타오 주석

　중국 지도부의 이런 변화에 대해 중앙 당
교의 자오후지(趙虎吉) 교수는 "중국의 국가
전략이 노동자 중심의 프롤레타리아 혁명 위주에서 경제 건설로 바뀐 뒤 급속
성장의 부작용 등이 노출되면서 관리 · 조정형 엘리트가 필요해진 데 따른 변화"
라고 설명한다.[128]) 우선은 개혁 개방 초기인 1978년에 비해 경제 규모가 38배로
늘어나 전문가에 의한 정교한 경제 정책 운용 등 국가 경영을 위한 인재의 필요
성이 커졌다는 것이다. 도농(都農) 빈부 격차, 실업, 부패, 정치 민주화 요구 등
폭증하는 사회 · 경제적 갈등을 조정하고 이를 해소하기 위한 불가피한 변화라
는 설명이다. 더욱 반가운 현상은 1990년대에 서방 세계에서 민주주의를 경험
하고 돌아온 젊은 유학파들이 요직에 배치되고 있다는 점이다. 그들은 앞으로
중국의 정치와 경제를 이끌어나갈 핵심 인력들이다. 서방식 '민주주의'를 경험
하고 돌아온 그들은 사고방식이 매우 개방적이며 유연하다.

　그래서인지 2007년 10월 15일에 개최되었던 '중국 공산당 17기 전국대회'는
세간의 관심을 증폭시키기에 충분했다. 현 중국 공산당 총서기 겸 국가 주석인

후진타오의 정치적 개혁의지를 엿볼 수 있는 시험대이기 때문이었다. 당시 여론은 이번 전국대회에서는 이른바 경제적 성공에 이어 그 외형에 걸맞은 정치 변혁의 이론적 밑그림을 제시할 것이라고 전망했다.

1979년 덩샤오핑의 개혁 개방은 이론적 토대 없이 출발하였는데 이때 그가 내세운 것이 '사상 해방'[129]이었다. 1980년대 초반 덩샤오핑은 "사회주의를 다시 봐야 한다"는 이른바 '사회주의 재(再)인식론'에 불을 붙임으로써 개혁 개방의 이론적 근거를 만들었다.[130] 현 지도부의 일인자 후진타오식의 사상 해방은 무엇인가? 중국 정치를 결정하는 두 가지 핵심 요소는 이념 노선과 지도부 인사다. 이념 노선에서 정책이 나오고 지도부 인사에서 권력이 창출되기 때문이다.

세계 3대 경제대국으로 떠오른 중국의 후진타오 지도부가 당면한 핵심 과제는 정치개혁이다. 이것은 서구의 중국 전문가들이 현시점에서 가장 필요한 것으로 꼽는 부분이기도 하다. 그동안 중국에서 정치개혁은 금단의 영역으로 인식되어왔다. 경제 성장이 충분하지 않으며 시기상조라는 이유에서였다. 그러나 이제는 상황이 다르다. 후진타오는 사상 해방을 다시 한번 언급하면서 "경제·사회 발전에서 내재적인 수요를 실현해야 한다"고 주장했다.[131] 이른바 후진타오의 '과학적 발전관'이 등장한 것이다. 과학적 발전관은 경제 성장도 이제는 과학적이고 이성적으로 추진해야 한다는 것이다. 이제는 경제 성장을 양적 성장에서 벗어나 질적 발전을 모색하자는 뜻이다. 후진타오는 2003년 10월 제16기 3중 전회에서 '과학발전관'이라는 새 지도이념을 제출했다.[132]

이 노선은 2007년 10월 15일에 열린 중국 공산당 제17차 전국대표회의에서 당장(黨章)에 삽입되었다. 후진타오의 과학발전관은 향후 중국의 정치와 경제를 가늠할 키워드가 되었다. 그렇다면 기존 정책의 무엇이 비과학적이었다는 것일까. 중국은 1978년 개혁 개방 추진 이후 앞만 보고 달려왔다. 덕택에 중국 경제는 매년 평균 10퍼센트 안팎의 고속 성장을 이루었다. 그러나 중국 경제의 화려한 성장 이면에는 고질적인 문제가 자라고 있었다. 덩샤오핑은 개혁 개방을 추진하면서 아랫목이 따뜻해지면 윗목도 따뜻해질 것이라는 선부론(先富論)을 주장했지만 그것은 보기 좋게 빗나갔다. 빈부 격차는 점차 확대되고 있다. 도농 간의 소득 격차와 삶의 질적 차가 벌어질수록 폭동과 궐기의 위험도 높아졌다. 요즘 중국 전역에서 농민, 노동자 들의 시위가 끊이질 않는다고 한다. 그래서 과학 발전관이 필요하다는 것이다.

최근 중국 정부는 과거 한 번도 시행하지 않던 일들을 과감히 시도했다. 2006년 4월 13일 저장성 항저우에서 '세계 불교 포럼'을 거행했다. 1949년 공산 정권이 출범한 이후 처음 있는 국제적 종교 행사다. 미국이 거론하는 '중국의 종교 자유 억압' 주장을 희석하기 위한 임시적 조치라는 분석도 있지만, 아무튼 세계 불교평화기금에 따르면 이 행사에는 세계 십여 개국 천여 명의 불교 신도와 전문가가 모여 불교의 발전 방향과 포교를 주제로 토론을 벌였다고 한다. 샤우난(蕭武男) 세계불교평화기금 부회장은 "종교는 중국의 조화사회 건설에서 큰 역할을 맡게 될 것"이라고 말했다.

그러나 이러한 변화의 조짐에도 불구하고 중국이 민주주의라는 '새로운' 제도로 이행하려면 많은 시간이 필요할 듯하다. 2006년에 있었던 국제적 해프닝이 설득력 있게 다가온다. 2006년 3월, 인도 뭄바이에서 인도 총리와 중국 상무장관 사이에서 미묘한 신경전이 벌어졌다. 만모한 싱Manmohan Singh 인도 총리가 "21세기는 아시아의 시대가 아니라 자유의 시대가 될 것이다"라고 얘기하자 보시라이(薄熙來) 중국 상무장관이 "샤워도 못하고 교육도 못 받는 빈민들에게 민주주의가 무슨 의미가 있겠나?"[133)라고 되받은 것이다. 중국과 인도의 지도급 인사들이 '빵이 먼저냐, 자유가 먼저냐'를 놓고 때 아닌 격론을 벌인 것인데, 이 설전의 무대는 미국과 아시아의 관계 증진을 위해 활동하는 단체인 아시아 소사이어티가 주최한 경제 콘퍼런스에서였다.

싱 총리는 개막 연설에서 "21세기에는 자유의 시대가 열릴 것"이라는 조지 W. 부시G. W. Bush 미국 대통령의 말을 인용하며 아직 민주주의가 성숙하지 못한 중국의 아킬레스건을 건드렸고, (중국을 중심으로 하는) 21세기는 아시아의 시대가 될 것이라는 일부 전문가들의 전망에 대해 "21세기는 인도처럼 민주주의가 꽃핀 나라가 주도하는 자유의 세기가 될 것"이라고 역설했다. 이 발언을 중국에 대한 일격으로 받아들인 중국 대표단은 발끈했고, 이튿날 역공에 들어갔다. 보시라이 장관이 연설을 통해 "민주주의는 수단일 뿐 목적이 될 수 없다"면서 반격한 것이다. 현 중국 최고위층의 발언에서 우리는 여전히 중국 정치의 일관성과 단호함을 확인할 수 있다. 그런데 1년이 지난 2007년, 후진타오의 정치 개혁 이론가인 위커핑(俞可平) 국가편역국 부국장(차관급)이 7월 5일 신화통신에 '사상 해방과 정치적 진보'라는 글을 발표했다. 그는 "개혁 개방 이후 중국 사회와 정치 영역에서 등장한 개념은 법치와 인권, 사람중심(以人为本) 등"이라며 이는 "중국 민주정치를 진보시키기 위한 동력"이라고 규정했고, "중국 정치의 새 발전은 인류사회의 보편적인 정치적 가치를 실현하는 것"이라며 "좀 더 근본적으로 말하자면 이러한 정치변혁의 보편적인 가치는 자유와 민주 그리고 인권"이라고 말했다. 그는 공산당이 원칙적으로 내세우는 레닌주의, 즉 공산당이 모든 것을 지배한다는 '절대적인 일원화(一元化)' 지도 방침이 이제 깨졌다고 선언했다.[134) 지금까지 전혀 볼 수 없었던 중국 지도부의 파격적인 발언이었다. 이는 세계 언론을 의식한 일회성 멘트가 아닌 현 중국 지도부가 정치개혁을 추진하겠다는 의지를 표명한 대목이다.

17대 전인대를 통하여 중국의 전통적인 정치체제가 바뀔 수 있을까? 사실 중국에 관심 있는 호사가들은 이 대회를 중국 정치의 민주화 밑그림으로 여기며 매우 궁금해했다. 전문가들은 17대 대회에서 '인민을 위한(爲了人民), 인민에 의지한(依靠人民), 인민이 누리는(由人民共享) 발전'이란 주제로 구체적인 실천 방안이 나올 것으로 전망했다. 더불어 정치체제 개혁을 위한 실무팀이 출범할 것으로 예상하기도 했다. 당 내 토론의 출발점인 중앙 당교가 최근 '정치 체제 개혁 연구'라는 보고서를 발간했기 때문이다.[135] 그러나 중국 정부는 대회가 끝났는데도 아직 구체적인 정책이나 방안을 대외적으로 공개하지 않고 있다. 그만큼 매우 신중하고 조심스러운 정책이기 때문이다. 중국의 백년대계를 결정해온 것이 정치 시스템이기 때문에 아마도 조율의 시간이 필요할 것이다. 그러나 명확한 것은 중국 정치체제의 진화와 변혁은 새로운 인물들에 의해 진행되고 있다는 것이다.

현재 중국 정치의 화두는 조심스런 정치변혁으로 보아야 할 것이다. 하루가 다르게 발전하고 변화하는 중국의 실정에 맞추어 중국 지도부는 정치적 민주화 시스템을 도입하려 하고 있다. 다만 중국의 정치민주화는 서방의 그것과는 다를 것이다. 그것은 '중국식' 정치민주화가 될 것이다. 이러한 최근의 상황은 장기적 안목으로 볼 때 티베트 문제의 원만한 해결과 결코 무관하지 않다. 정치적 문제도, 새로운 정치도, 역시 사람이 하는 것이기 때문이다. 과거의 지도부와 정치 시스템은 티베트 문제에 대해 매우 일관된 태도를 유지했다. 새로운 지도부와 '또 다른' 정치 시스템은 티베트 문제의 새로운 돌파구가 될 것이다.

티베트 왕조의 찬란한 역사와 문화를 보전하고 유지하기 위해서는 중국 정치 지도자들의 가치관과 정치 시스템이 대단히 중요하다. 중국식의 정치민주화가 이루어지면 티베트의 진정한 '문화혁명'으로 이어질 가능성이 높다. 여기서 말하는 진정한 '문화혁명'이란 과거의 방식처럼 깨고 부수고 파괴하여 새로 짓는 폭력적 문화혁명을 말하는 것이 아니다. 있는 그 자체를 온전히 보전하고 유지할 수 있도록 자생적 능력을 배양해주는 것이다.

그동안 우리들이 중국을 이해하고 분석하는 접근 방식과 내용은 일차적으로 한족 학자가 그들의 관점에서 편찬한 역사와 문화를 바탕으로 하고 있었음을 부인할 수 없다. 따라서 우리들의 시각이 한족의 관점과 사고방식에서 자유롭다고 할 수 없을 것이다. 중국 사회는 물론 심지어 이방인인 우리도 한족이 '주류'이고 소수민족이 '비주류'라고 구분하는 이분법적 인식을 가지고 있다. 중국의 인문학을 근간으로 한 문화 전반에 대한 인식 또한 그러하다. 중국의 문화는 곧 한족의 문화라는 등호 개념이 생겨났다.

그러나 자세히 들여다보면 중국은 한족뿐만 아니라 55개의 다른 민족들도 역동하고 있는 거대한 다민족 국가다. 5,000년의 역사와 문화를 이끌어온 힘은 비단 한족의 지혜만이 아니었다. 중국의 찬란한 역사와 문화는 한족과 더불어 다양한 소수민족이 굳건히 존재했기에 가능했다고 볼 수 있다. 소수민족에게도 한족 못지않은 역사와 문화 그리고 일반화할 수 없는 가치관이 존재한다. 따라서 중국은 한족과 소수민족이 유기적으로 이어져 있는 하나의 거대한 우주라고 보아야 할 것이다.

세계는 서로를 받아들이면서 함께 공유하는 다원화의 길로 나아가고 있다. 중국은 통일된 다민족 국가지만 실상은 중국이라는 큰 땅덩어리 안에 한족을 포

함한 55개의 작은 나라들이 저마다의 특색과 향기를 가지고 공존하고 있다. 중국은 이 다양한 문화를 보전하고 발전시키며 공유해야 한다. 서로 다름을 인정하고 받아들이는 정책이 실행될 때 비로소 티베트의 문화도 보전될 것이다.

　최근 중국 중앙텔레비전에서 서방의 강대국 흥망사를 연구한 〈대국굴기(大國崛起)〉란 프로그램을 만들어 차세대 강국은 바로 중국이라는 모델을 제시했다. 중국 역사에서 최고의 부국강병을 이루었던 시기는 성당(盛唐) 시대로 알려져 있다. 중국 역사상 가장 화려한 문명을 꽃피웠고 한족의 주도하에 북방 유목 민족은 물론 서역과 이슬람의 문화까지 적극적으로 수용해 가장 개방적이고 번성했던 시기가 바로 당나라 시대이다. 이 시기가 주목 받을 수 있었던 것은 경제와 문화뿐 아니라 사상의 이데올로기까지 적극적으로 수용하는 포용 의식이 있었기 때문이다. 성당의 문화는 동서양을 품에 안는 개방과 포용의 문화였다. 이제 중국이 개혁 개방을 선포한 지 30년의 세월이 흘렀다. 중국의 지도부는 '조화로운 세계'를 화두로 21세기 세계 초강국으로 일어나려 한다. 과거 성당 시대처럼 포용하는 자세로 티베트 문제를 해결한다면 21세기 새로운 성당 시대를 꿈꾸는 중국의 포부는 좀 더 현실적으로 다가올 것이다.

지금 중국의 최대 유행어는 '화해(和諧)'라고 한다. 중국어 '허셰'로 발음되는 화해는 중국의 정치, 경제, 민족 등 모든 분야에서 유행되는 중이다. 화해사회, 화해민족, 화해정치, 화해종교 등 우리말로 옮기자면 조화로운 사회, 조화로운 정치, 민족 간의 조화 등으로 표현할 수 있는 것들이다. 화해의 기본 취지는 서로간의 갈등과 마찰을 없애자는 것이다. 이 유행어에는 빈부 격차를 줄이고 지역 불균형을 없애고 민족과 종교 간 갈등을 완화하자는 의도가 담겨 있다. 이제 이 유행어는 중국 정부와 티베트 사이에도 유효하게 적용되어야 할 것이다.

글을 마치며

    오랫동안 평화롭게 자신들만의 불교 왕국을 지켜오던 티베트. 그러던 어느 날 인민해방군이라는 붉은 군대에게 자신들의 영적 터전을 내주어야 했던 티베트 민족. 그 후 반세기 동안 전혀 다른 언어와 문화를 향유하는 중원의 한족과 함께 불편한 혼숙(?)을 해야 했던 티베트 사람들. 오늘날에는 완전한 통합을 상징하는 '하늘 길'을 통해 칭짱고원 위로 열차가 달리고 있다. 너무나도 짧은 시간만에 수천 년 역사의 티베트 왕조는 역사의 뒤안길로 사라져가고 있는 것이다. 언어, 의복, 음식, 불교 사원, 종교 의례, 장례 의식 등 티베트 문화 전체가 오늘날 흔들리고 있다.

    그런데 가만히 들여다보면 티베트 민족이 감내하는 역사적·문화적 침식은 범지구적 현상의 일부이다. 19세기 말부터 과학과 민주주의, 기독교 문화를 주요 특징으로 하는 서구 문명이 '절대 문명'으로 자리 잡게 되면서, 아시아 각국은 자신들의 문화를 제쳐두고 경쟁적으로 서구 문화를 받아들였고 서구와 동화되는 것만이 살길이라고 여겼다. 서구화가 곧 문명화이자 과학화요 민주화였던 것이다. 중국은 물론 우리나라도 경쟁적인 서구화 대열에 동참해 의식주와 생활 방식, 심지어 정신세계까지 서구화했고 이를 '세계화'라는 미명으로 치장하기도

했다. 결국 이러한 범지구적 현상은 '문명의 충돌'로 상징되는 새로운 세계 질서를 맞이하게 되었다. 전 세계가 하나의 네트워크로 연결되면 통일된 연결체로 평화롭게 살 것 같았지만 실제로는 그 반대의 현상들이 나타나곤 한다. 다원주의(多元主義)를 인정하지 않는 데다가 종교의 독선도 여전하기 때문이다. 맞는 말이다. 한 국가 안에서 한 민족이 다른 민족을 통치하고 하나의 이념을 지향하며 이를 '화합'과 '융합'이라는 미명으로 포장하지만, 이는 잠재된 충돌을 의미하기도 한다. 국가와 국가 사이의 관계는 더욱더 그러하다. 이제 남을 지배하고 식민지화하고 독점하려는 소유와 정복의 구조를 걷어내야 하지 않을까. 지구상의 모든 민족이 하나의 색깔을 위해 달려간다면, 또는 지구상의 모든 국가가 단 하나의 슈퍼파워 아래 존재한다면 문명의 충돌은 앞으로도 계속될 것이다. 인간은 자신이 속해 있는 지역의 문화와 종교의 힘으로 살아가기 때문이다. 경제와 정치만 잘하면 잘 먹고 잘살 것 같지만 실제로는 그렇지도 않다. 우리에게 따뜻한 마음과 한 줄기 희망을 가지게 하는 원동력은 다름 아닌 종교나 문화의 힘인 것이다. 이러한 점을 상기해볼 때 오늘날 티베트 문화의 위기가 세상에 던져주는 파장은 결코 묵시할 수 없을 것이다.

수천 미터 고도에서 살아가는 소수 티베트 사람들의 삶과 문화가 지상 세계에 던져주는 메시지는 생각 외로 크다. 세계의 저명한 과학자들과 의사들도 티베트의 정신세계에 관심을 보이며 대화를 원하고 있다. 소위 '과학과 종교'의 만남은 오래전부터 있어왔지만 구체적으로 티베트 불교와 서구 과학의 만남은 최근에 이르러서야 본격적인 양상을 보이고 있다. 분석적이고 합리적인 이론으로 무장한 서구 과학이 원시적인 티베트의 종교와 문화에 왜 이토록 관심을 보이는 것일까? 또 하나의 화두가 아닐 수 없다.

티베트 문화는 광범위하고 특수해서 방대한 종교적 지식과 티베트 고대 사회에 관한 상식을 바탕으로 접근해야 비로소 이해할 수 있다. 그런데 우리들의 티베트에 대한 인식과 이해는 다분히 시각적이고 추상적인 상태를 벗어나지 못하고 있다. 인식의 방법이 시각적이고 추상적이기 때문이다. 우리는 그저 현상학적인 활불의 세계, 달라이 라마의 종교 활동, 티베트인들의 독립 시위, 칭짱고원을 가로지르는 철도, 오체투지하는 신앙인들 같은 시각적인 현상에 집중한다. 이것이 가장 근본적인 인식의 오류라 생각한다. 티베트 문화는 정신의 문화라고 할 수 있다. 그들의 생존 환경조차 제대로 파악하지 못한 채 간단한 통계 수치와 거시적인 개괄로만 티베트를 이해하려는 인상주의적 접근 방식은 관광이나 눈요기를 위한 시청각 자료에 불과하다. 티베트 문화를 온전히 이해하려면 시각이 아니라 마음으로 접근해야 한다.

일반인이 그렇게 하기란 쉽지 않다. 어찌 보면 상상과 환상 그리고 감성만을 가지고 티베트를 이해하는 것이 정상일 수도 있다. 그리고 여기에 이 책을 소개하는 이유가 있다.

나는 십여 년 동안 티베트학이라는 영역에 발을 들여놓았다는 인연으로 티베트의 종교와 문화에 대해 일천한 지식과 경험을 얻을 수 있었다. 덕분에 티베트학의 권위자들과 라마승들에게서 티베트인들의 경건한 삶과 영혼에 관한 이야기 또한 들을 수 있었다. 더욱이 십여 년에 걸친 유학 생활에서 이론 위주의 학습에 의문을 품고 중국 대륙의 쓰촨과 티베트의 오지를 답사하면서 살아 숨쉬는 티베트인의 호흡과 문화를 느낄 수 있었다.

이 책에서 되도록이면 이론적인 티베트 연구서와 성격을 달리하는 생동하는 티베트 문화를 소개하고자 했다. 그 덕분에 2년여 동안 육체적 · 정신적으로 몇 번씩이나 한계를 절감하기도 했다. 필자는 티베트 문화의 다양성을 다루면서 특히 티베트의 전통적 장례 의식인 천장 문화를 추적하는 데 오랜 시간을 할애했다. 왜냐하면 그들의 천장 문화는 수백 년 동안 거의 변화하지 않고 원시적으로 보존되고 유지되어온 티베트 민족의 상징적 전통문화라고 생각했기 때문이다. 이 대표적 전통문화의 역사와 내용 속에서 티베트인들의 영혼 세계와 오늘날 그들이 처해 있는 현실에 조금이나마 동감할 수 있을 것이라 생각한다. 그들의 정신적 유산 앞에서 사진을 찍고 떠들면서 부산하게 돌아다니는 것이 아니라 그들이 어떻게 자신들의 민족적·종교적·문화적 궤적을 그려왔는지 조용히 눈을 감고 귀로 들어야 할 것이다. 그래야만 오늘날 티베트 문화의 상징성과 위기감을 조금이라도 느낄 수 있지 않을까.

이 책이 달라이 라마가 평생 고민하고 가슴 저리게 호소했던 티베트 문화의 소중함과 오늘날 그들이 처해 있는 현실적 곤경의 일면을 엿볼 수 있는 기회가 되길 감히 소망한다.

주

1) 이방인인 내가 티베트 고원에서 장기간 현장 답사를 하는 데는 몇 가지 문제가 있었다. 첫 번째는 신분을 보장해줄 비자 문제였고, 두 번째는 현장 답사의 주요 무대인 즐궁 사원을 찾아가는 방법 또 거기서 숙식을 해결하는 방법 그리고 천장 의식을 참관하는 방법 문제였다.

중국에서의 학술적 현장 답사에서는 필연적으로 개인의 한계를 느끼게 된다. 중국 정부가 공식적으로 지정한 관광 코스가 아니면 장기간 참여할 수 없는 것이다. 다행히 나는 지도교수님이 추천서를 써주셔서 티베트 대학(시짱 대학)의 창바추제(强巴曲杰) 교수님을 찾아뵐 수 있었고, 그분의 도움으로 비자 문제를 해결하고 일반인들이 접근하기 어려운 여러 지역을 방문할 수 있었다. 중국 서부 변강의 민감한 지역들, 특히 티베트 같은 곳에서는 현지인과의 인적 관계가 매우 중요하다. 즐궁 사원 방문과 라마승과의 인터뷰는 티베트 불교 신자로 이미 1년간 티베트 현장 답사를 다녀온 대만 친구 류저안(劉哲安)의 도움이 있어 가능했다. 그의 소개와 조언으로 즐궁 사원에서 무사히 생활할 수 있었다.

2) 최초의 문자로 기록된 경전을 '패엽경(貝葉經)'이라고 하는데, 이것은 "종려나무(야자수) 잎에 기록된 부처님 말씀"이란 뜻이다. 사전에 의하면 패다라(貝多羅)에 송곳이나 칼끝으로 글자를 새긴 뒤 먹물을 먹인 초기의 불교 결집경전(結集經典)이다. 패다라는 인도에서 종이 대신 글자를 새기는 데 쓰는 나뭇잎을 말하는데, 흔히 다라수(多羅樹) 잎이 많이 쓰였기에 붙여진 말이다. 다라수는 종려나무와 비슷하고, 그 잎은 바탕이 곱고 빽빽하며 길다. 이 잎을 글 쓰는 데에 사용하려면 말려서 일정한 규격으로 자른 다음, 칼이나 송곳으로 자획을 만들고 이 부분에 먹을 넣는다. 보통 그 크기는 너비 6.6센티미터(2치), 길이 66센티미터(2자) 정도며 두 군데에 구멍을 뚫어 실로 몇십 장씩 꿰어

묶어둔다. 석가가 죽던 해(기원전 544년)에 처음으로 만들어졌다. 석가가 세상을 떠나자 제자들은 석가의 교법이 흩어지지 않게 하기 위해 각자 들은 바를 구술하였고, 왕사성(王舍城)의 칠엽굴(七葉窟)에서 가섭(迦葉)을 상좌로 500명의 비구가 모여 경(經)과 율(律) 2장의 내용을 정리해 다라수 잎에 새겼다. 1986년 한국의 변밀운(邊密耘)이 스리랑카의 캐리니아 사원을 방문했을 때 그 패엽경 중 일부를 기증받았는데, 서울 봉은사(奉恩寺)가 3질을 소장하고 있다.

3) 조재송, 〈티베트와 몽고의 문화친연성(文化親緣性) 연구〉, 《중국학연구》 28집(2004), 173쪽.

4) R. A. 슈타인, 《티벳 문화의 이해》, 안성두 옮김(무우수, 2004), 393쪽.

5) 대한민국은 1990년대 초반만 해도 10퍼센트대를 맴돌던 화장률이 2005년 처음으로 50퍼센트를 넘어서며 매상을 앞질렀다. 1995년 28.3퍼센트에 불과하던 서울의 화장률은 1999년 41.9퍼센트, 2001년 53.2퍼센트, 2003년 61.5퍼센트에 이어 2006년에는 68.6퍼센트까지 치솟았다. 특히 대도시일수록 화장률이 높아 사망자 10명 중 6, 7명꼴로 화장을 택하고 있다. 보건복지부는 2005년 52.6퍼센트를 기록하며 처음으로 매장률을 앞선 전국의 화장률이 2010년에는 70퍼센트에 이르러 화장시설 부족이 심각한 사회문제로 대두될 것이라고 우려의 목소리를 내고 있다. 《중앙일보》 2006년 4월 5일자를 참조하라.

6) 憑智, 《장전문화 : 사망의 예술(藏傳文化 : 死亡的藝術)》(大千出版社, 2002), 142쪽.

7) 토번(土蕃) 시기(617~842)는 티베트 역사상 처음으로 왕조가 탄생한 시기로 역사상 처음으로 티베트 지역을 통합한 송첸캄포(松贊幹布, 617~650) 왕이 왕위에 올랐을 때부터 마지막 왕인 랑다르마(朗達瑪, 836~842)가 독살될 때까지를 일컫는다. 티베트 왕조는 이 시기부터 왕통 계승이라는 전통을 확립한다. 張鷹, 〈티베트 상장풍속의 변천과 그 원인(西藏喪葬風俗的演變及其原因)〉, 《티베트 연구(西藏研究)》 第3期(西藏社會科學院, 1988), 88쪽.

오늘날 중국에서 시짱(西藏)이라고 통칭하는 티베트의 명칭은 역사적으로 한족 왕조와의 관계에 따라 그 명칭이 달랐다. 한(漢) 왕조에서는 서강(西羌), 당(唐) 대에는 토번

(吐蕃), 송(宋) 대에는 서번(西蕃), 원명(元明) 시대에는 오사장(烏思藏), 청(青) 대에 이르러서 서장(西藏)이라 불렸다. 역사적으로 토번은 중원의 당나라 시대에 해당되는데 티베트인들은 스스로를 '박(博)' 혹은 '박파' (博巴)라고 불렀다.

8) 蕭之光 · 祝啓源,《수당민족사隋唐民族史》, 中國歷代民族叢書(四川民族出版社, 1996), 403~405쪽.

9) 문성 공주는 당 태종이 자신을 토번의 왕에게 시집보내기로 했다는 소식을 듣고 마음이 매우 착잡했다. 토번의 국왕과 결혼하여 두 민족이 정치적 우호 관계를 맺는 것은 지극히 바람직한 일이었지만 친지라고는 아무도 없고 풍속도 전혀 다른 변강의 이역으로 떠나야 한다는 생각에 불안한 마음을 떨쳐버릴 수 없었기 때문이다. 태종은 그러한 문성 공주를 위해서 많은 혼수품을 마련해주었다. 각종 가구, 그릇, 패물, 비단은 물론 고대의 역사와 문학 서적 및 각종 기술 서적, 의약, 곡물, 누에알 등이 포함됐다. 스물다섯 명의 시녀와 악대, 많은 장인들도 함께 딸려 보냈다. 독실한 불교 신자였던 문성 공주는 많은 불교 서적과 동불상도 함께 가져갔다. 문성 공주는 토번에 도착한 후 송첸 캄포의 도움을 받아 불교 사원인 다자오쓰(大昭寺)와 샤오자오쓰(小昭寺)를 건립했다.
蕭之光 · 祝啓源,《수당민족사》, 403~406쪽.

10) 다자오쓰는 라싸 시내의 중심 티베트 병원(藏醫) 동쪽에 위치한다. 티베트어로 '경당'의 의미가 있다. 다자오쓰는 1200년의 역사를 자랑하는 사찰이기 때문에 중국이 지정한 국가중점문물보호단위(國家重点文物保護單位)로 구별된다. 또한 관광국으로부터 최고 등급에 해당하는 AAA등급으로 지정받았다. 송첸캄포와 문성 공주의 합작으로 647년에 완공되었고 그 후로도 티베트인들의 후원으로 경내에 5개의 사찰과 108개에 이르는 불전을 추가로 건립하였다. 현재 이 사원의 총면적은 2만 5천 평방킬로미터에 달하며 사원 내에는 7세기 이전의 고대 문물이 온전히 보존되고 있다. 이 사원의 특징은 티베트 불교의 한 종파에 속한 대표 사원이 아니라 모든 종파를 아우르는 종합성을 가지고 있다는 점이다. 따라서 티베트의 모든 신앙인들은 원한다면 이 사원에서 종교 의식과 오체투지를 할 수 있다. 명(明), 청(清) 이래로 이 사원에서는 1년에 한 번씩 전통적

종교 집회가 거행되고 있어, 티베트 불교 사원의 상징적 건축물이라 할 수 있다. 輝麟,
《티베트 불교사원(西藏佛教寺廟)》(四川人民出版社, 2003), 174쪽.

11) 쩨탕(澤當, Zetang)은 행정상으로 나이동현에 속하며 라싸에서 동남으로 190킬로미터
정도 떨어진 곳에 위치한다. 쩨탕은 티베트에서 작지 않은 도시로 현대화의 물결을 타고
있는 도시이다. 쩨탕의 상징은 비천마상(飛天馬像)인데 이는 고대 천손인 얄룽 왕가의 상
징이다. 쩨탕에서 남동으로 8킬로미터 떨어진 지점에는 융부라캉Yumbulagang이 있고
30킬로미터 떨어진 지점에는 고대 왕들의 무덤으로 들어가는 입구인 충계 마을이 있다.
이곳에는 33대 송첸캄포의 능묘가 있고 37대 치데죽첸(墀德朝贊, Khri-ide-gtsug-btsan)
의 능묘와 석사자상, 40대 치송데첸(墀松德贊, Khri-strong-Ide-btsan)의 능묘와 비석
이 있는 곳이다.

12) 송첸캄포는 토착 종교인 본교를 배척하고 불교를 숭상했지만 자신의 장례 방식은 불교
의 화장을 따르지 않고, 본교의 순장을 따랐다. 토번 시대의 토장 문화는 당시의 순장
제도와 사회의식 형태를 추적할 수 있는 단초를 제공한다. 김규현, 《티베트 역사산책》
(정신세계사, 2003), 137~138쪽 ; 王丕震, 《송첸캄포(松贊干布)》(秋海棠出版社, 1995).

13) 티베트 민족 중 루어바(珞巴) 민족의 토장 풍습은 매우 흥미롭다. 그들은 사람이 죽으
면 우선 깨끗한 옷으로 갈아입힌다. 그러고는 시체를 원형으로 굽혀 앉히고 천으로 덮
어놓는다. 그리고 나서 끈으로 동여매어 문밖의 오른편에 방치한다. 이삼 일이 지나면
시체를 매고 토장할 지역을 찾아서 땅을 판다. 시체를 묶었던 끈을 해제하고 시체를 땅
속에 바로 눕힌다. 그리고 나무 조각으로 시체를 덮고 흙으로 그 위를 덮어 매장한다.
赤列曲扎, 《티베트 풍토지(西藏風土志)》(西藏人民出版社, 1982), 50쪽.

14) 憑智, 《장전문화 : 사망의 예술》, 183쪽.

15) 판첸 라마는 아미타불의 화신으로서 '판첸Panchen' 은 위대한 학자라는 뜻이다. '판첸
라마' 라는 직위를 처음 제도화한 것은 5대 달라이 라마인 나왕롭상갸쵸(阿旺羅桑加措,
1617~1682)이다. 나왕롭상갸초가 권력의 정점에 오른 후 자신의 스승을 위해 마련한
제도다. 관세음보살의 화신인 달라이 라마와 아미타불의 화신인 판첸 라마가 이끄는

티베트의 정교합일 제도는 이렇게 완성되었다. 판첸 라마는 티베트에서 달라이 라마 다음으로 높은 직위이다.

16) 포탈라궁은 크게 홍궁(紅宮)과 백궁(白宮)으로 구분되는데 그중 홍궁의 가장 핵심이 되는 곳은 시셰푼쵸(司西平揩, Sishe Phuntso) 대전의 서쪽에 위치한 샤오덩라캉(孝等拉康, 라캉은 '법당'이란 뜻)이다. 역대 달라이 라마의 영탑들이 소중히 모셔진 곳이기 때문이다. 여기에는 제5대와 제7대부터 제13대까지의 달라이 라마가 안치된, 모두 여덟 개의 영탑이 보존돼 있다. 티베트에서의 주된 장례 풍습은 천장이지만 달라이 라마들의 법신은 이 탑에 묻힌다. 영탑들의 모양과 생김새는 비슷하지만 크기와 장식된 보석의 가치는 생전의 법력과 업적에 따라 각각 다르다. 여덟 개의 영탑 중 제5대 달라이 라마의 것이 가장 크고 화려하다. 높이가 20여 미터에 들어간 황금만도 11만 냥이라고 한다. 탑에 장식된 이름 모를 보석만도 1만 8,000개에 이른다. 이보다 높이는 낮지만 제13대 달라이 라마의 영탑도 보는 이를 압도하기에 충분하다. 1933년에 시작되어 1936년에 완성된 이 영탑은 높이가 14미터에 황금 약 2만 냥 정도가 소요되었다. 20만 개 이상의 진주로 장식되어 '진주탑(珍珠塔)'이라는 별칭도 갖고 있다.

17) 熊坤新, 〈천장 기원의 탐색(天葬起源的探索)〉,《티베트 연구(西藏研究)》第3期(西藏社會科學士辨, 1988), 93쪽.

18) David Macdonald,《티베트에서의 20년 Twenty years in Tibet》(Philadelphia : J. B. Lippincott Company, 1932), 215쪽.

19) 독수리는 고원처럼 한랭 건조한 기후에서만 무리를 형성하여 서식하는데 내가 즐궁 사원 천장터에서 실지로 확인한 독수리 떼는 약 200마리 정도의 규모였다.

20) 불교 고사 '사신사호(捨身飼虎)'에서 수행에 정진하던 젊은 불자가 깊은 산속에서 굶주린 호랑이를 만나 그 호랑이의 처지를 가엾이 여겨 자신의 몸을 아낌없이 호랑이에게 주었다는 이야기에서 유래한다. 티베트인들은 영혼을 의탁하는 대상 중에서 독수리를 최고로 여긴다. 인간의 영혼은 존재하고 사후에 영혼이 사방으로 흩어져 떠돌아다닌다는 본교의 '영혼부유설(靈魂孚遊說)'을 믿고 있기 때문이다. 이때 독수리는 천국의 사자

로서 구심점을 잃고 떠도는 영혼을 온전하게 이송해줄 수 있는 통로가 된다. 故主 編著, 《불교고사대전 상(佛教故事大全 上冊)》(佛光出版社, 1992), 64쪽.

21) 흔히 '티베트 사자(死者)의 서(書)'로 알려진 《서장도망경(西藏度亡經)》의 한어(漢語) 원명은 '중음득도(中陰得度)'이다. 티베트어에는 '사자의 書'라고 번역할 수 있는 표현이 없다. 티베트어의 원제는 《바르도 퇴 돌Bardo thos grol》이고, '바르도'는 중간 상태(중간계)를, '퇴 돌'은 듣는 것을 통한 해탈을 뜻한다. 이 경전은 9세기경 인도의 밀교 수행자 파드마삼바바Guru Maha Padma Sambhava(蓮花生이라고도 한다)가 인도와 티베트의 불교도들을 위해 쓴 책이다. 후대를 위해 이 경전을 히말라야의 동굴 속에 감추어놓았는데 14세기에 보물 발굴가 카마링파Karma Lingpa가 티베트 북부의 한 동굴에서 발견하였다. 내용은 죽은 이가 죽음과 새탄생 사이의 중간계에서 경험하는 다양한 상황에 대한 예술적인 묘사로 이루어져 있다. 죽음의 과정을 예술로 승화시킨 경전 혹은 '환생의 기술'을 설명하는 경전이다.

22) 제14대 달라이 라마는 오늘날 가장 유명한 환생 인물이다. 티베트의 모든 달라이 라마는 1391년 이래로 내려오는 역대 티베트 신왕들의 환생이기도 하다. 달라이 라마는 자신의 회고록 《나의 조국, 나의 사람들My Mand and My People》에서 환생에 대한 자신의 견해를 다음과 같이 설명했다. "육체의 직접적인 원천(源泉)은 부모의 육체이다. 그러나 마음이 물질을 만들 수 없듯이 물질도 마음을 만들 수 없다. 그러므로 마음의 직접적인 원천은 임신이 일어나기 전에 존재하고 있었던 마음일 것이다. 마음은 이전의 마음과 연속성을 가져야 한다. 이것이 우리가 전생의 존재를 증명하는 근거이다." 조 피셔, 《환생이란 무엇인가 : 윤회와 전생의 비밀, 그리고 환생의 체험사례》, 손민규 옮김(태일출판사, 1996), 250~251쪽.

23) 파드마삼바바, 《티벳 사자의 서》, 정창영 옮김(시공사, 2000), 51쪽.

24) 파드마삼바바, 《티벳 사자의 서》, 정창영 옮김, 52~53쪽.

25) 바르도Bardo는 글자 그대로 '사이Bar'와 '둘do'을 뜻한다. 두 상태 사이, 즉 죽음과 환생 사이의 중간 상태가 바르도다.

26) 질 반 그라스도르프, 《달라이 라마 평전》, 백선희 옮김(아침이슬, 2005), 21쪽.

27) 조 피셔, 《환생이란 무엇인가 : 윤회와 전생의 비밀, 그리고 환생의 체험사례》, 251~
253쪽.

28) 티베트 망명정부는 1959년 달라이 라마가 10만 명의 티베트인과 함께 인도 북부 다람
살라로 이주하여 정부 수립을 선포함으로써 수립되었다. 망명정부가 직접 관할하고 있
는 티베트인은 인도, 네팔, 부탄에 밀집해 살고 있으며 여타 지역까지 합치면 망명 인
구는 13만여 명에 달한다. 이들은 현재 무국적자로 분류되고 있다. 행정부와 입법부인
티베트 국민대표 의회, 사법부인 티베트 최고 사법위원회를 두고 있으며 망명정부의
수장은 달라이 라마다. 망명정부는 행정부 내에 종교, 내무, 교육, 보건, 국방, 정보와
국제 관계 등의 부서를 두고 있다. 티베트 망명자들을 22개 농업 센터에 이주시켰고 2
만 3,000여 명이 다니는 83개 학교를 운영하고 있으며 인도에 117개 사원을 설립했다.
뉴욕, 런던, 모스크바 등 세계 11개 주요 도시에 대표 사무소도 설치했다. 특이한 것은
대만의 타이에 대표부를 설치한 것이다. 타이 대표부는 1997년 중국 정부의 강력한 반
대에도 대만 정부의 승인에 의해 설치된 것으로 한때 양안(兩岸) 관계를 냉각시키는 요
인으로 작용했다. 망명정부는 7개 언어로 공식 간행물을 제작하고 분리 독립에 관한 12
종의 간행물을 발간하고 있다. 비정부 단체로는 티베트 청년당TYC과 티베트 여성협
회, 티베트 독립운동, 인권과 민주를 위한 티베트 중앙본부 등이 있다. 김용찬, 〈티베트
망명정부〉, 《민족연구》 제3권 (한국민족연구원, 1999), 131~132쪽.

29) '시간의 수레바퀴'란 뜻으로 음악과 법문 등을 통해 대중에게 시간의 경과에 따라 삶과
죽음이 어떻게 바뀌는지 보여주는 입체적 법회를 말한다.

30) "달라이 라마, 뉴욕 센트럴 파크에서 연설", 《주간조선》 1999년 9월 2일자(1586호).

31) 티베트 나취 지역에서는 풍장을 야장(野葬)이라고 한다. 이 지역에서는 시체를 들판에
버려 짐승들에게 보시한다. 이 지역은 오지 중의 오지라는 환경적 제약 때문에 라마승
에게 염불을 청할 수 없으며 천장터도 따로 존재하지 않는다. 格勒 · 劉一民 · 張達世 · 安
才旦 編, 《티베트 북쪽의 유목민—티베트 나취 지역 사회역사 조사(藏北牧民—西藏那區

地區社會歷史調查)》(中國藏學出版社, 1993), 360쪽.

32) 馮智,《장전문화 : 사망의 예술》, 80쪽.

33) 파드마삼바바,《티벳 사자의 서》, 류시화 옮김(정신세계사, 1995), 74~75쪽.

34) 티베트의 신석기 문화는 3개의 중심 지역을 갖는다. 얄룽짱보강 중하류 지역에 분포된
중부의 카뤄 문화, 동부의 취공 문화, 그리고 북부 초원 일대의 세석기 문화가 그것이
다. 이 가운데 카뤄와 취공 일대에서 농경에 필요한 도구와 토기가 발견되었는데 이곳
신석기 주민들은 농경을 하며 정착 생활도 했던 것으로 보인다. 물론 원시인의 경제 활
동이 단일 경제로 가능한 것은 아니다. 취공 지역에서는 어로 도구가 다량으로 발견되
었지만 세석기는 거의 발견되지 않은 반면, 카뤄 일대에서는 적지 않은 세석기가 발견
되었지만 어로 도구는 전혀 발견되지 않았다. 이는 취공이 어로 중심의 농업 지대였고,
카뤄는 수렵에 의존한 곳이었음을 알려준다. 또한 카뤄 일대의 거주민은 토착성이 극
도로 강한 편이고 취공 일대 또한 현재 알려진 신석기 시대의 문화와 어떠한 계통적 연
계성도 갖지 못한 것으로 판단되고 있다. 조재송, 〈티베트와 몽고의 문화친연성(親緣
性) 연구〉,《중국학연구》제28집(2004), 179~180쪽.

35) 彭英全,《티베트 종교 개황(西藏宗教槪況)》(西藏人民出版社, 2002), 2~3쪽.

36) 본교의 원류와 전승 그리고 교의에 관하여 비교적 체계적으로 서술되었다고 인정되는
문헌은 토관(土觀) · 로쌍췌지니마(羅桑却吉尼馬, Losang quejie Nyima) 활불이 저술하
고 중국의 저명한 티베트 연구자 류리찬(劉立千)이 번역한《토관종파원류(土觀宗派源
流)》(民族出版社, 2000)를 들 수 있다. 청대에 저술된 이 책은 인도의 외도(外道)와 불교
와의 관계, 티베트의 본교와 불교의 기원 및 교의 등을 상세히 설명하고 있다. 특히 티
베트 불교 종파 중 황교인 겔룩파(格魯派, Dge-lugs-pa)에 관한 역사적 내용에 많은 지
면을 할애한다.

37) 王森,《티베트 불교 발전사략(西藏佛教發展史略)》(中國社會科學出版社, 1997), 2쪽.

38) 彭英全,《티베트 종교 개황》, 2~3쪽.

39) 첸푸(贊普)는 통치자를 의미한다.

40) 당시 천신의 아들이 강림했던 대표적인 곳으로는 쨍난 지역의 쩨탕에서 나이동을 지나 남으로 얄룽 계곡을 끼고 8킬로미터 지점에 위치한 용부라캉 궁전이다. 용부라캉은 당시 세상에서 가장 높은 인공 건축물이었고, 더구나 하늘에서 내려온 천신의 아들들이 살던 보금자리였다. 전설에 따르면 이 궁전에는 하늘로 올라갈 수 있는 신성한 하늘 밧줄[천승(天繩)]이 존재했다고 한다.

41) 이탈리아의 투치G. Tucci 교수의 연구와 조사에 의하면, 총계 계곡에는 토번 제일의 영웅 송첸캄포의 능묘와 더불어 토번 시대 고분이 13기 있지만 주인이 밝혀진 것은 9기(제33대부터 40대 왕의 고분까지와 금성 공주의 능묘가 있고 4개의 묘는 아직도 주인을 모른다)에 불과하고, 다른 20여 기는 그 종적조차 알 수 없다 한다. 천여 년이란 세월이 가장 큰 원인이겠지만, 그보다도 토번 왕조의 마지막 임금 랑다르마가 피살되고 왕국이 내란 상태에 빠져 있을 때 일어난 농노들의 반란이 직접적인 원인이었다. 877년 농노들은 오랜 내란에 시달리다 집단행동을 하기 시작하여 급기야는 랑다르마의 손자 패꾸쩬을 살해하고 총계를 점령했는데, 이때 역대 첸푸의 능묘를 모두 파헤치고 그 부장품을 약탈했다고 한다. 김규현, 《티베트 역사산책》, 142쪽.

42) 티베트 고대 왕조사를 연구함에 있어서 학술적으로 신뢰할 수 있는 문헌은 《서장왕신기(西藏王臣記)》와 《서장왕통기(西藏王統記)》다. 《서장왕통기》는 원명이 "토번왕조세계명감(吐蕃王朝世系明鑒)"으로, 원대 말엽의 활불인 쉬남갸초(索南堅贊, Bsod-Nams-Rgyal-Mtshan)가 고대 토번 왕조의 탄생부터 멸망까지 서술한 왕조사이다. 거기에 비해 1994년 비로소 찾아낸 《서장왕신기》는 5대 달라이 라마가 저술한 티베트 왕조사이다. 이 두 왕조사의 차이점은 전자는 시기적으로 토번 왕조의 멸망까지만 다루고 있는 반면에 후자는 토번의 고대 왕조사는 물론이고 원명 시기에 출현했던 티베트 불교 종파 사카파(薩迦派)와 파무주바(怕木竹巴) 정권의 역사적 · 정치적 관계 그리고 당시 지방 세력들의 정치사를 비교적 상세히 광범위하게 서술하고 있다는 점이다. 《서장왕신기》의 원명은 "天神王臣下降雪域(西藏)陸地事迹要記-眞瞞靑春喜筵之杜鵑歌聲"인데 서명이 너무 길어 "서장왕신기"로 줄였다. 이 문헌들은 대륙의 티베트 전문 학자 류리찬에 의해서 전부 번역되어

출간되었다. 五世達賴喇嘛,《서장왕신기(西藏王臣記)》, 劉立千 譯(民族出版社, 2000).

43) 王森,《티베트 불교 발전사략》, 1쪽.

44) 시제파(希解派)는 인도인 단파상결(丹巴桑結)로부터 시작된다. 그는 출가 후 당대 현밀교의 권위자들에게서 교법을 전수받았다. 문헌에 의하면 그에게 전수해준 스승만 50명이 넘어 훗날 단파상결이 하나의 체계적인 종파로 건립하여 제자를 양성할 때 그 교법과 교의가 다소 산만했다는 지적을 받았다고 한다. 어쨌든 오랜 고행 끝에 그는 인도에서 밀교의 일가를 이루고 티베트로 넘어왔다. 그는 티베트의 쌍난과 허우짱 일대에서 교세를 펼치기 시작해, 1097년 티베트 후장의 딩르에 처음으로 사원을 건립한다. 그러나 이 사원은 세간의 주목을 받지 못한 채 사라졌고, 그는 만년에 중원의 오대산(五臺山)에서 내지의 승려들과 교류했다고 전해진다. 그가 죽은 후 그의 제자들이 형성한 종파가 바로 시제파다. 이 종파는 훗날 티베트 불교 종파의 한 계보로 인정받았으나 그 맥을 계속 이어오지는 못했다. 이 종파의 승려들 대다수가 단조로운 종교 생활을 영위했으며 사회적으로도 그다지 활동을 하지 않았기 때문이다. 게다가 그들은 자신들의 세력을 키워줄 지방 정치 세력을 확보하지도 못했다. 결국 14세기 말엽에서 15세기 초에 이르러 이 종파는 사라지게 되었으며 일단의 승려들은 다른 종파로 보금자리를 옮겼다. 王森,《티베트 불교 발전사략》, 173~174쪽.

45) 彭英全,《티베트 종교 개황》, 61쪽.

46) 고대 티베트의 모든 종교의 원류와 교의를 상세하게 탐색한 문헌《토관종교원류》에 따르면 본교의 경전은 구승(九乘)으로 분류할 수 있는데 그중 사행(斯幸)이라는 경론은 죽음의 방법과 장례 의식에 관한 전문적으로 다루고 있다. 土觀 · 桑桑却吉尼瑪,《토관종교원류(土觀宗教源流)》, 劉立千 譯, (民族出版社, 2000), 198쪽.

47) 본교의 변천은 구체적으로 세 단계에 걸쳐 진행되었다. 첫 번째가 마본(篤本) 시기, 두 번째가 가본(伽本) 시기, 세 번째가 극본(局本) 시기이다. 그중 본교의 맹아라고 할 수 있는 마본 시기에 혈제(血祭) 행위가 이루어졌다. 즉 소와 양 그리고 각종 동물 등을 도살하여 그 피로 신앙의 대상에게 제사 지낸 것이다. 때문에 후세의 불교도들은 이것

을 불선(不善)한 행위라고 인식하고 멸시하기도 했다. 가본 시기에는 헌제(獻祭)와 관련된 고사가 전하여 내려온다. 이 시기는 전세(前世)와 후세(後世)를 인정하지 않았으며, 단지 귀신이 있다는 것만 인정했다. 즉 귀신은 인간의 생명을 주재하며, 죽은 뒤 영혼을 데려가고, 또한 후대 가족에게 계속적으로 해를 끼치므로, 인간을 보호해주는 신을 공봉하고, 인간에게 해를 끼치는 악[鬼]을 없애야 한다고 여겼다. 그래서 매년 가을에 본교 의식인 신제(神祭)를 거행했는데, 소와 면양 그리고 산양의 수컷 각 3천 마리, 암컷 각 천 마리를 산 채로 잡아서 혈육을 제물로 바쳤다. 봄에는 조사제(祖師祭)를 거행했는데, 각종 나무와 식량(糧食)으로 소연(燒烟) 제사를 지냈다. 이와 같이 가본 시기의 본교는 종교 의식을 거행할 때, 이렇게 물질적인 공품(供品)으로 신령의 보호와 은혜를 받고자 하는 헌제(獻祭)가 두드러졌다. 심지어 당시의 모든 종교 활동이 헌제를 중심으로 펼쳐졌다는 설도 있다. 김백현, 〈티벳 토착종교 뵌뽀교 탐구〉, 《중국학연구》 28집(2004), 78쪽.

48) 張窗, 〈티베트 상장 풍속의 변천과 그 원인(西藏喪葬風俗的演變及其原因)〉, 《티베트 연구 (西藏硏究)》 第3期(西藏社會科學士辦, 1988), 89쪽.

49) 邊巴璟達, 〈티베트 천장 습속의 형성 이유와 문화함의 분석(淺析西藏天葬習俗的成因及文化含意)〉, 《티베트 연구(西藏硏究)》 第1期(西藏社會科學士辦, 2005), 68~72쪽.

50) 彭英全, 《티베트 종교 개황》, 2~30쪽.

51) 謝繼胜, 〈장족 샤머니즘의 삼계우주 구조와 영혼관념의 발전(藏族薩蒲敎的三界宇宙結枸与灵魂觀念的發展)〉, 《중국장학(中國藏學)》 第4期(中國藏學硏究中心, 1998), 41쪽.

52) 초창기 본교를 학술적으로 용종본교(雍仲苯敎), 일명 흑교(黑敎)라 한다. 이 흑교에서는 혈육제에 관하여 다음과 같이 설명하고 있다. 혈육제란 영혼이 깃들어 있는 살아 있는 동물을 대량으로 살생하여 그 피 냄새와 함께 죽은 이의 영혼을 그들이 믿는 대상에게 바치는 의식이다. 본교의 경전 중에 다음과 같은 말이 있다. "用血肉腥味奉之", 살생을 하되 직접적으로 살생하지 않으며 그 목적은 삼독(三毒)의 해체다. 육체와 뼈와 혈액의 완전한 해체를 의미한다고 볼 수 있다. 索南才讓, 〈본교 발전 개황(苯敎發展槪况)〉, 《티베

트 연구(西藏硏究)》第3期(西藏社會科學土辦, 1989), 65~69쪽.

53) 중국 불교는 중앙아시아 승려들에 의해 오랜 세월에 걸쳐서 전해졌다. 불교가 전래되기 이전 중국에는 강렬한 개성을 지닌 다양한 사상이 있어서 이 외래 사상에 큰 영향을 주고 적지 않은 변용도 있었으리라고 생각된다. 그러나 티베트에는 외래 불교를 크게 변용시킬 만한 사상이 없었다. 8세기 후반부터 9세기 전반에 걸치는 약 60년 동안, 잇따라 들어온 인도의 거장들이 티베트에 불교를 정착시켰고 이때 이미 불교 체계를 망라한 거의 완전한 불전 번역이 이루어졌다. 극단적으로 표현한다면 이 시기에 인도 불교가 그대로 티베트에 이식되어 뿌리내린 것으로 볼 수 있다. 야마구치 즈이호·자키 쇼켄,《티베트 불교사》, 이호근·안영길 옮김(민족사, 1990), 14~15쪽.

54) 이탈리아의 유명한 티베트 학자 투치의 저서《티베트 왕릉 고찰(西藏王陵考察)》에 의하면 현재 총계 평야에는 지금까지 확인된 바로 13기의 티베트 왕 능묘가 산재해 있다고 한다. 이 왕묘들은 당시 본교 무당의 지휘하에 건설되고 축조된 것들이다. 주의할 대목은 당시 왕들의 영혼을 보호하기 위해 산 사람[活人]과 짐승을 함께 묻는 순장의 흔적이 발견되었다는 것이다. 토번 왕조 말기의 농민 봉기 때, 농민들이 마구 왕묘를 파헤치는 과정에서 순장의 증거물들이 나왔다는 점이 이러한 사실에 신빙성을 더해준다. 김규현,《티베트 역사산책》, 136쪽.

55) 티베트에서 자라는 향이 강한 풀로서 다년생 약쑥처럼 생겼다. 티베트에서는 장례 의례 이외에도 각종 의식에서 이 풀을 태우며 기도한다. 사원 앞이든 길가의 닝마뚜이든 기도처에는 으레 이 향초를 태우는 시설이 마련되어 있다. 임재해,〈티베트의 장례풍속과 '천장'의 문화적 해석〉,《비교민속학》제15집(1998), 63쪽.

56) 다른 지역에서는 천장사가 시체를 포대기에서 꺼낸 다음, 바위에 올려놓고 흰 천을 벗겨내고 시체의 허리 부분에다 밧줄을 묶어 나무에 매달아 시신을 지탱하기도 한다. 끈으로 시체의 배를 묶어놓지 않으면 독수리들이 시체를 다른 곳으로 가져 가서 먹으므로 망자의 가족들은 매우 슬퍼한다.

내가 참관한 천장 의식에서는 시체가 태아처럼 웅크린 채 묶여 있었다. 라마승의 설명을 빌리자면 육신은 해부되어 사라지지만 영혼의 전송 의식을 통해 다시금 누군가의 뱃속에 잉태되길 바라는 마음에서 시체를 태아의 자세로 묶는다고 한다.

57) 언뜻 눈 뜨고 볼 수 없이 끔찍해 보이지만, 천장은 다른 어떤 장례 의식보다 티베트 고원의 자연 조건에 적합한 장법이다. 수장은 하천을 오염시키고, 토장은 티베트의 건조한 기후 특성상 시체가 쉽게 썩지 않아 세균을 번식시키며, 화장과 탑장은 비용이 너무 많이 들기 때문이다.

58) 즐궁(直貢, Zhigung) 사원은 티베트 불교 즐궁 카규파(直貢噶舉派)의 종주 사원이다. '直貢替'는 티베트어의 음역이며 그 의미는 '즐궁(直貢)'이라는 지방의 중앙에 위치한 사원이라는 뜻이다.

59) 라싸에서 북쪽 방면으로 5킬로미터 밖에 위치한다. 사원의 전체 면적은 1만 1,4964평방미터에 이른다. 총카파(宗喀巴, Tsong-Kha-pa) 제자 중 한 사람인 짱칭추제(降青曲結, 1352~1435)가 당시 귀족인 랑카쌍뿌(朗卡桑布)의 원조를 받아 1419년에 건립했다. 이 사원은 고대 티베트 정치, 역사, 종교의 핵심 사원으로 1962년에 중국 정부와 티베트 정부로부터 '티베트 자치구 문물보호단위'(西藏自治區文物保護單位)로 지정되었다. 현재 700여 명의 겔룩파 승려가 이 사원에 거주한다. 楊輝麟, 《티베트 불교 사원(西藏佛敎寺院)》(四川人民出版社 2003), 192~197쪽.

60) 라싸에서 서쪽 방면으로 10킬로미터 거리에 위치한다. 사원의 전체 면적은 25만 평방미터이다. 겔룩파 3대 사원 중 하나다. 총카파의 수제자 짜시뻬딴(札西貝丹, 1379~1449)이 1416년에 창건했다. 이 사원은 1959년 전까지, 토지 5100묘(苗), 목장이 300개, 소 4000두, 농노 2000명을 보유했으며 매년 토지 수입이 280만 공근(公斤)에 이르렀다. 국내외로 겔룩파의 분교 사원은 3305좌(座)에 이르며 그중 라싸 시내에 640좌, 기타 지역에 1647좌가 존재한다. 해외에도 1018좌의 겔룩파 사원이 분포한다. 1982년 중국 정부로부터 '전국중점문물보호중심(全國重點文物保護中心)'로 지정됐으며 현재 900여 명의 승려가 수양에 정진하고 있다. 楊輝麟, 《티베트 불교 사원》, 69~174쪽.

61) 13세기 말 즐궁 카규파와 사카파 간의 세력 다툼이 있었다. 이 치열한 정권 다툼은

1290년 사카파의 완벽한 승리로 종결지어졌고 이로 인해 카규파는 중앙(라싸)에서 사원이 거의 소멸되는 참담한 지경에 이르며 변경으로 밀려났다. 이를 두고 티베트 역사에서는 '린루어(林洛) 사원의 변(意爲寺院之變)'이라 칭한다. 1296년 이 종파는 다시 세력을 되찾는 듯했으나 다른 종파의 견제가 계속되어 더 이상 티베트 불교의 핵심 종파로 자리 잡지는 못한다. 楊輝麟, 《티베트 불교 사원》, 118쪽.

62) 사원 건립 후 지금에 이르기까지 창시자 니마린보체(瑪爾尼瑪仁欽貝, Nima Ripoche)를 따르는 신도는 대략 10만 명 정도로 집계되고 있으며 이 사원에서 주관하는 대형 종교 법회의 경우 대략 3만 명 정도 참가하는 것으로 알려졌다.

63) 내가 체류하는 동안, 한 외국 신도가 이 사원에서 3년간의 수양을 요청한 일이 있었다. 사원은 내심 대단히 환영하는 입장이었으나 끝내 허가를 내주지 못했다. 이유는 간단했다. 중국 정부의 불시 사원 점검이나 누군가의 밀고로 인하여 발각되었을 경우 사원이 받을 불이익을 감당할 수 없기 때문이다. 한 라마승의 말에 따르면 그 불이익이란 우리가 생각하는 것 이상으로 사원의 경제적·종교적 손실이 된다고 한다. 중국 정부의 입장에서 보면 장기간 사원에 거주하는 이방인은 대단히 불편한 손님이다. 사원과 중국 정부의 관계, 라마승들의 종교 활동 자유성 여부, 중국 정부의 사원 장악 방법 등을 오랫동안 직접 목격할 수 있기 때문이다. 필자는 사원에 머무르면서 친분이 있는 라마승에게서 사원의 어려움을 들을 수 있었지만 일반적으로 사원의 라마승들은 이방인에게 불필요한 말을 하지 않는다. 중국 정부의 감시가 있기 때문이다. 하지만 장기간 거주하면 서로 친분이 생겨 어느 정도까지는 인터뷰가 가능하다. 인터뷰한 내용을 원고에 옮길 때는 반드시 가명을 사용해야 한다.

64) 이 법당에는 다음과 같은 전설이 전해 내려온다. 법왕 린보체(仁欽貝)가 경당원에서 말씀하셨다. "이 경당에 한 번이라도 오는 자들이여, 그 순간부터 그대들은 현생의 악업이 사라지리라. 따라서 시체를 이송하는 가족들이여 즐공 천장터를 가기 전날 반드시 이 경당원 앞마당에 하룻밤을 방치하라. 그리고 주술사로 하여금 전통적인 밀법 의식을 받으라. 그러면 망자의 영혼은 반드시 좋은 곳에서 환생할 것이다." 貢覺嘉鍇, 《즐궁 사

원 소개(直貢替寺簡介)》(西藏人民出版社, 2003), 12쪽.

65) '린보체'는 티베트어로 '고귀한 이'라는 뜻으로, 영적 스승에게 붙여지는 명칭이다.

66) 김규현은 《티베트 역사산책》에서 다음과 같이 설명한다. "이것은 사자의 영혼을 천도하는 밀교식 천도제(遷度祭)를 말한다." 김규현, 《티베트 역사산책》, 253쪽 ; 格英, 〈티베트 밀교 포와법(西藏密敎-頗瓦法)〉, 《티베트 민속(西藏民俗)》제113기(2003, 夏季), 34쪽.

67) 파드마삼바바, 《티벳 사자의 서》, 류시화 옮김, 73쪽.

68) 파드마삼바바, 《티벳 사자의 서》, 류시화 옮김, 74쪽.

69) 세계 3대 천장터 중 두 곳은 티베트에 있고 나머지 하나는 인도에 있다. 티베트의 즐궁 사원과 삼예 사원(桑揶寺)의 천장터, 인도의 사백(斯白) 천장터다.

70) 貢覺嘉錯, 《즐궁 사원 소개》, 3쪽.

71) 라브렁스(拉卜楞寺)는 겔룩파 6대 사원 중 하나다. 간쑤성 간난 티베트 자치구 샤허현 경내에 위치하고 있다. 1709년에 건립되었고 3,800여 명의 승려가 수행하고 있다. 역사적으로 안둬 지역의 정치, 경제, 문화의 중심이었다. 또한 종교 신앙의 중심지일 뿐만 아니라 거대한 예술 박물관이기도 하다. 1982년 중국 국무원 종교국의 회의를 거쳐 '전국중점문물보호' 지역으로 선정되었다. 洲塔, 《라브렁스의 창건(論拉卜楞寺的創健)》(甘肅民族出版社, 1998), 1쪽.

72) 憑智, 《장전불교 : 사망의 예술》, 93쪽.

73) 주20을 참고하라.

74) 속인은 천장사가 될 수 없으며 사원에 거주하는 라마승이라 해도 쉽게 될 수 없다. 천장사는 사원 내의 행정조직인 사원 관리 위원회(寺院管理委員會)의 회의를 거쳐 임명된다. 인터뷰에 협조해준 라마승의 이름은 그의 희망에 따라 가명을 사용했다.

75) 대개 수행에 갓 입문한 젊은 승려들은 방 하나에 부엌이 달린 곳에서 살아간다. 이 정도의 여유도 없는 승려들은 큰 방에서 다 같이 혼숙하는 경우도 있다. 반면 경제적 능력만 있으면 승려들은 언제든 수행방을 개조할 수 있다. 30대 이상의 승려들은 대부분 그동안 수행한 법력과 보시로 어느 정도의 경제력이 있고, 사원에서 한 가지 이상의 행정 업

무나 직위를 가지고 있다. 따라서 이들의 수행방은 규모나 위치가 일반 젊은 승려들과는 다르다. 이들의 수행방은 방 1~2개와 부엌이 따로 있고 거실을 갖춘 경우도 있다. 사원에서는 거주하는 방의 위치나 규모만 파악해도 그 승려의 신분이나 법력을 가늠할 수 있는 것이다.

76) 이러한 현상은 과거에는 상상할 수 없었다. 과거에는 사원에 들어가는 것이 티베트인들의 꿈이요, 최종 목표였는데 지금은 속세로 귀환하는 승려도 종종 있고 사원의 승려도 많이 줄어들었다. 즐궁 사원도 승려의 수가 대폭 줄어 과거 500여 명에 달하던 승려는 문화대혁명 이후에는 200여 명으로 줄어들었고 내가 탐방한 때는 185명의 승려만이 남아 있었다.

77) 多吉古堆,《라싸 포탈라궁(拉薩布達拉宮)》(廣東旅行出版社, 2001), 34~43쪽.

78) 티베트 불교사는 전후로 구별된다. 파드마삼바바를 사상적 조주로 하는 전홍기와 인도의 고승 아티샤(阿底峽, Atisha)를 시작으로 하는 후홍기가 그것이다.《티베트 종교 개설(西藏宗敎槪說)》의 저자인 중국 학자 펑잉췐(彭英全) 교수의 따르면, 엄격히 구분해서 전홍기의 시작은 치송데첸 시기부터 시작된다고 할 수 있다. 이 시기 이전에도 불교는 존재했고 토착 종교 본교와 치열하게 공방 중이었지만 불교 사원은 존재하지 않았으며 티베트 승려조차 불교에 그리 천착하는 시기가 아니었기 때문이다. 치송데첸이 정권을 잡으면서 불교 진흥 정책을 추진했으며 실제로 티베트에서는 이 시기부터 불교가 환영받기 시작했다. 치송데첸의 적극적인 원조와 장려 속에 티베트 제1의 불교 사원인 쌍예쓰가 오늘날의 짠난 지역에 건립된 것이다. 후홍기의 역사적 의의는 11세기 중기부터 13세기 초에 이르기까지 시간차를 두고 오늘날의 대표적인 불교학파가 하나하나 형성되었던 점이다. 즉 닝마파(寧瑪派, Rnying-ma-pa), 카담파(噶丹派, Bka-gdams-pa), 사카파(薩迦派), 카규파(噶擧派)가 그것이다. 彭英全,《티베트 종교 개설》, 32~33쪽.

79) 多吉占堆,《라싸 포탈라궁(拉薩布达拉宮)》(广东旅游出版社, 2001), 34쪽.

80) 13대 달라이 라마의 활약상에 관한 것은 심혁주,〈'티베트지위'에 관한 중국정부와 달라이라마의 태도분석과 전망(1950~2002)〉,《아시아연구》제6권 1호(2003)에서 상세

하게 논하고 있다.

81) 1980년 :《당대 중국 티베트 인구(當代中國西藏人口)》(中國藏學出版社, 1992), 200쪽.

1982년과 1984년 :《중국 인구 · 티베트 분책(中國人口 · 西藏分冊)》, 표 11-1.

1985~1993년 :《티베트자치구 기본상황 수첩(西藏自治區基本情況手冊)》, 표 3-13.

82)《당대 중국 티베트 인구(當代中國西藏人口)》(中國藏學出版社, 1992), 202쪽.

83) www.ctibet.org.cn

84) 티베트의 가장 유명한 만트라로 6자 진언(眞言)이다. 티베트 승려들의 가르침에 의하면 만트라의 이 여섯 음절은 삼사라 여섯 왕국의 기원이 되는 여섯 가지 감정—오만, 질투, 욕망, 무지, 탐욕, 분노— 을 정화시킨다. 실존의 끝없는 연쇄가 이루어지는 삼사라는 여섯 개의 세계로 구성되어 있는데, 지옥의 존재, 탐욕에 찬 영, 동물은 열등한 계층에 속하고, 인간, 반신, 신은 우월한 실존을 갖는다. 따라서 인간 세상에 환생하는 것만이 해방에 이룰 수 있는 유일한 길이다. 질 반 그라스도르프,《달라이 라마 평전》, 백선희 옮김(아침이슬, 2005) 18쪽.

85) 티베트의 유목 문화는 곧 '야크 문화'라고 해도 좋을 만큼 야크의 생태와 밀접히 관련되어 있다. 털이 길고 억세게 생긴 검은빛의 야크는 티베트와 같은 고원 지대에서만 서식한다. 야크는 군집 생활을 하되 보통 암수가 따로 살고 암컷과 새끼는 200마리까지 무리를 이루기도 한다. 겨울에는 물 대신 눈을 먹고 버틸 정도로 한랭하고 황량한 티베트 지대에 잘 적응하는 동물이다. 야크는 티베트 사람들에게 식량부터 잠자리, 생활필수품, 각종 종교적 봉헌물 및 주술물까지 공급해준다. 중요한 것은 어떤 생업에 종사하는 티베트인들이든 그들이 주식으로 삼고 있는 식량의 대부분을 야크가 직접 제공할 뿐 아니라 각종 생업을 가능하게 하는 동력도 제공한다는 사실이다. 임재해, 〈티베트 유목문화의 생태학〉,《비교민속학》제8집(1992), 121쪽.

86) 일명 고대 '당번고도(唐蕃古道)'의 개척이다.

87) 인민망(人民網) http://www.people.com.cn, 2006년 6월29일을 참조하라.

88) 동토(凍土)란 온도가 0도씨 이하의 각종 암석이나 지반 토양을 말한다. 동토는 온도에

매우 민감한 토질 성분으로 이루어져 있어, 칭짱철도 건설에 있어서 비용과 시간이 가장 많이 투입된 구간이다. 〈특집편—칭짱철도(特別策划—青藏鐵路 : 穿越敏感地帶)〉, 《중국국가지리(中國國家地理)》(中國國家地理雜誌社, 2004), 总第520期84쪽.

89) 왕목, 《칭짱철도 여행》, 양성희 옮김(삼호미디어, 2007), 38~39쪽.

90) 왕목, 《칭짱철도 여행》, 39쪽.

91) 칭짱철도 공정은 중국 서부대개발 국가 프로젝트 사업 중의 가장 야심찬 계획이다. 서부대개발의 4대 중심 프로젝트 사업은 다음과 같다. 첫째 칭짱철도, 둘째 남수북조(南水北凋), 셋째는 서기동수(西氣東輸), 마지막으로 서전동수(西电东輸)이다. 중국 정부는 2000년 3월 7일 9차 전인대 제3차 회의에서 다음과 같은 사안을 도출했다. "칭짱철도, 서기동수의 공정에 박차를 가하자." 杨开煌, 《서부대개발의 티베트 현대화 연구—시짱자치구를 중심으로(西部大开发之藏区现代化研究—以西藏自治区为列)》(行政院大陆委员会委托研究, 2005), 161~164쪽.

92) 신화사(新华社) 2001년 2월8일.

93) 인민망(人民网) http://www.people.com.cn/ 2001년 6월29일을 참조하라.

94) 칭짱철로의 전장은 1956킬로미터로, 그중에서 거얼무에서 라싸까지의 구간(格拉段)은 전장 1142킬로미터이다. 해발 4000미터 이상의 구간만 960킬로미터에 이르고, 이중 동토 구간은 632킬로미터에 이른다. 이 구간은 칭짱공정의 최대 난제였다. 1956년 중국 철도부가 이 구간의 문제를 해결하기 위해 다년간 연구하고 계획을 세웠으나 1961년 기술상의 문제로 멈추어야 했다. 玛巍, 《중국국가지리》, 82쪽.

95) 2003년 1월 베이징 정부는 중국환경과학생태연구소(中國环科院生态所), 중국서북고원생물연구소(中科院西北高原生物所), 중철서북연구소(中鐵西北究院), 서남교통대학(西南交通大學), 칭하이성임업국(青海省林业局), 칭하이성임업국설계연구원(青海省林业局勘查设计院), 시짱자치구임업설계연구원(西藏自治区林业勘查设计院) 등의 9개의 과학연구소와 그 소속의 전문가들로 구성된 탐사단이 만든 〈칭창철도 환경영향 보고서(青藏铁路环境影响報告书)〉를 승인했다. 瑪巍, 《中國國家地理》, 68쪽.

96) 1978년 실용주의 지도부의 정권 장악과 함께 중국 정부의 티베트 정책은 새로운 전환
점을 맞게 되었다. 공산당 11기 3중 전회 직후인 1979년 3월, 덩샤오핑(鄧小平)은 달라
이 라마의 북경 회담 제의를 수락하고 '티베트 소요'와 관련된 범죄자 376명을 석방했
다. 경제 차원에서도 중앙 정부의 대대적인 지원이 시행되었다. 1979년 티베트 지역에
대한 중앙 정부의 재정 지원액은 5억 위안이었는데 1994년에는 29억 위안으로 늘어났
고, 1억 위안에 불과했던 티베트 건설 예산 지원액은 9억여 위안으로 크게 늘어났다.
또한 정책 시행과 관련해서도 많은 변화가 발견된다. 중공중앙 31호 문건에 따르면 중
앙에서 지정한 모든 방침, 정책, 제도, 지시, 규정이 티베트 현지 상황에 맞지 않을 경
우 티베트 당정 지도부는 이를 시행하지 않아도 된다고 규정하고 있다. 이는 소수민족
거주 지역의 중앙 정부에 대한 의무적인 복종 규정을 많이 완화시킨 획기적인 내용이
었다. 또한 티베트 민족의 종교와 문자와 관련하여 행정 문서나 공식적인 회의석상에
서 티베트어 사용을 권장하며 이를 진학이나 승진의 지표로 삼기도 했다. 오일환, 〈중
국 정부의 티베트(西藏)정책과 티베트 경제의 발전불균형 분석〉, 중국학연구회 편, 《중
국학연구》 28집(가온, 2004), 149~151쪽.

97) 중국 정부는 1999년부터 최근까지 11억 위안(약 1,308억 원)을 들여 티베트 지하자원
을 탐사한 데 이어 '11차 5개년 규획 기간(2006~2010)'에 15억 위안을 들여 추가 조
사를 벌이는 등 본격적으로 자원 개발을 위한 준비를 진행하고 있다.

98) 2006년부터 새롭게 부상하고 있는 미국과 인도의 '밀월' 관계 때문에 중국 지도부는
더욱더 긴장하고 있다. 인도의 핵에너지 개발에 원자로 제공 용의를 밝히면서 전략적
유대를 강화하는 인도와 미국은 중국에게 큰 부담이다. 서남쪽에 국경을 맞댄 대국 인
도와 미국이 밀착한다면 중국으로서는 신경이 쓰일 수밖에 없다. 따라서 군사적으로나
외교적 거점으로서 티베트는 매우 중요하다.

99) 이동률, 〈소수민족의 분리주의 운동 : 시짱과 신장을 중심으로〉, 전성흥 편, 《전환기의
중국 사회 그 발전과 위기의 정치경제》(오름, 2004).

100) 후자오량, 《중국의 경제 지리를 읽는다》, 윤영도 · 최은영 옮김(휴머니스트, 2003), 286쪽.

101) 티베트 자치구에는 중점 빈곤부양 현(縣)이 18개에 이르고 면적과 인구는 각각 전체 티베트 자치구의 18.7퍼센트와 27.6퍼센트에 달한다. 1994년에 18개 빈곤 현의 농민 평균 순수입은 436.4원이었는데, 이것은 전체 자치구 평균 순수입의 79.3퍼센트에 불과하다. 후자오량, 《중국의 경제 지리를 읽는다》, 287쪽.

102) 中華人民共和國國務院新聞室, 《티베트 문화의 발전(西藏文化的發展)》(新華出版社, 2000), 21쪽 ; 朱曉明, 〈서부대개발 중 티베트의 현대화—중앙 정부의 대 티베트 자원 정책을 중심으로(西部大開發中的西藏現代化—以中央政府對西藏的政策支持爲視覺)〉, 《중국장학(中國藏學)》第2期(中國藏學出版社, 2003), 6쪽.

103) 中華人民共和國國家統計局, 《중국통계연감(中國統計年鑑)》(中國統計出版社, 2002).

104) 西藏自治区統計局, 《티베트 통계 연감(西藏統計年鑑)》(中國統計出版社, 1998), 99쪽.

105) 靳薇, 〈티베트 원조 항목에 대한 효과와 사회 평가(西藏援建項目的社會評價與期望)〉, 《민족연구(民族研究)》第1期(民族研究雜誌社, 2000), 95쪽.

106) 靳薇, 〈티베트 원조 항목에 대한 효과와 사회 평가〉, 98~100쪽.

107) 대가정이란 한족과 티베트인이 '한 가족'이라는 것을 강조한 중국 정부의 홍보 용어이다.

108) 베이징 대학의 후자오량 교수는 《중국의 경제 지리를 읽는다》에서 중국 정부의 일방적인 '수혈' 원조 방식에 대한 우려를 다음과 같이 제시하고 있다. "역사적 경험과 빈곤 지역의 특징을 감안하면, 서장의 빈곤 부양 방식은 당연히 문화적 빈곤을 부양하는 데 중점을 두어야 하며, 생산 부조를 부수적인 방식으로 선택해야 한다. 이렇게 해서 주민들 스스로 자립할 수 있는 능력을 배양해야 한다. 생산 부조의 중심은 수리 시설 정비, 토지 정비, 과학 기술 보급, 농목업 생산 조건 개선 등이다. 동시에 농목축업 생산품을 원료로 하는 가공업이 발전해야 한다. 창두 같은 기초가 탄탄한 몇 개의 지역들을 제외한 대부분의 빈곤 지역은 노동의 질과 경영 능력의 한계를 안고 있어서 일반적인 향진 기업의 발전 조건을 갖추지 못하고 있다. 문화적 빈곤 부양이 서장 빈곤 지역 부양의 중점이 되어야 한다." 후자오량, 《중국의 경제 지리를 읽는다》, 290쪽.

109) 梅朵, 《43항목의 티베트 원조 공정(43項援藏工程)》(五州傳播出版社, 1986).

110) 梅朵, 《62항목의 티베트 원조 공정(62項援藏工程)》(五州傳播出版社, 1996).

111) 多杰才旦, 《티베트 사회 발전 연구(西藏社會發展研究)》(中國藏學研究中心, 1997), 345~352쪽.

112) 티베트 망명정부의 통계에 의하면 1979년까지 티베트 경내의 6,259좌 불교 사찰이 파괴되었다. 59만 명의 승려들 가운데 11만 명이 박해로 죽었고 25만이 강제로 환속당했다. 김한규, 《티베트와 중국》(소나무, 2000), 408쪽.

113) 민족과 종교의 상관성을 논할 때 '민족의 종교(民族之宗教)'와 '종교 민족(宗教民族)' 개념을 구분할 필요가 있다. 민족 구성으로 볼 때 중국은 다민족 국가다. 따라서 다양한 소수민족은 복잡한 신앙 체계와 역사를 간직하고 있다. 한족은 불교, 도교, 천주교, 기독교 등을, 티베트족과 몽고족은 불교와 티베트 불교를, 윈난의 태족은 불교 중에서도 소승불교를, 회족, 위구르족, 하싸커족 등은 이슬람교를 신봉하고 있다. 또한 윈난과 구이저우의 일부 소수민족은 기독교와 천주교를 믿는다. 이러한 현상으로 중국 경내의 한족과 대다수의 소수민족이 믿는 신앙 체계는 일반적으로 '민족의 종교'라고 명명되어진다. 반면 티베트 민족과 신장의 위구르족은 '종교 민족'이라고 분류된다. '종교 민족'이라 함은 해당 민족의 문화 가치, 풍속 습관, 가치관이 생활 전반에 걸쳐 완전히 신봉하는 신앙의 교의와 일치하는 것을 말한다. 즉 보이지 않는 사회 규범의 원칙들, 경제 운영의 방식, 심지어 해당 민족의 인생관, 우주관, 인식론 등 생활 전반에 걸쳐 모든 것이 종교의 규범에 부합하고 이러한 방식에 기꺼이 응합하는 민족을 '종교 민족'이라고 하는 것이다.

114) 현재 중국 국가종교사무국에서 발표한 가톨릭 신도 현황은 다음과 같다. 전체 신도는 1,290만여 명 정도로 추산되는데, 이는 지하 교회 소속 800만 명과 중국 정부가 인정한 가톨릭 애국회 소속 490만 명을 합친 숫자이다. 신부는 1,800명 정도이고 주교는 50여 명으로 집계됐다. 중국 정부는 로마 가톨릭 교황청과 수교를 위한 비밀 협상에 들어갔는데 중국이 교황청과 수교 협상을 공식적으로 재개한 것은 2000년 협상 중단 이후 6년 만이다. 중국은 2000년 10월 당시 교황 요한 바오로 2세가 중국인 순교자 120명을

시성(諡聖 : 성인으로 공식 인정)하자 "범죄자나 제국주의의 하수인을 성자로 시성했다"
고 비난하며 협상을 중단했다. 양측은 첨예한 수교의 전제 조건을 내걸고 협상했다. 바
티칸과 중국 정부가 원만히 타협점을 찾는다면 서로 원하는 바대로 2008년 베이징 올
림픽 개막 이전에 양측의 외교 관계가 복원될 가능성이 높다. "중-바티칸, 6년 만에 비
밀수교 협상", 《동아일보》 2006년 6월 28일자.

115) 티베트 문화의 핵심 특징 중의 하나는 '초안정성(超安定性)'에 근거한다는 점이다. 티
베트 문화는 천연의 자연환경과 그에 융합하는 사회 제도 그리고 종교 제도가 하나의
연결체를 구성하여 객관적으로나 주관적으로 티베트 사회를 외부와 격리시키는 장애
물 역할을 함으로써 외부 문화가 진입하는 것을 막아주고 티베트 문화에 뛰어난 안정
성을 조성해주었다. 후사오량, 《중국의 문화 지리를 읽는다》, 436쪽.

116) 티베트인들은 스스로의 능력과 정성으로는 현세의 고통에서 벗어날 수 없다고 생각하
고, 고도로 수양한 라마승에게 자신의 육체를 위탁하는 것이 고통을 벗어날 유일한 방
법이라고 믿는다. 티베트인 사이에는 이런 민담이 있다. "위대한 영적 스승의 도움이 없
다면 우리는 고통에서 절대 벗어날 수 없다." 위대한 스승은 일반 티베트인과 불법계
사이의 교량 역할을 담당하고 있는 것이다. 위대한 스승은 지고무상의 지위에 있으며
붓다인 석가모니 다음으로 티베트인들의 마음속에 자리 잡고 있다.

117) 9대 달라이 라마 룽톡갸초(隆朶嘉措, Lungtok Gyatso, 1806~1815)는 9세에 서거했다. 10
대 달라이 라마 출트림갸초(楚臣嘉措, Tsultrim Gyatso, 1816~1837)는 21세에 서거했
으며, 11대 달라이 라마 케드룹갸초(凱珠嘉措, Khedup Gyatso, 1838~1856)는 18세에 서
거했고, 12대 달라이 라마 트린리갸초(成烈嘉措, Trinley Gyatso, 1856~1875)는 19세에
서거했다. 牙含章, 《달라이라마전(達賴喇嘛傳)》人民出版社, 1984).

118) 달라이 라마는 1997년과 2001년 두 차례 대만을 방문했다. 2001년 천수이볜(陳水扁)
총통은 타이베이에서 개최된 '티베트 문화 전시회' 개막식 연설을 통해 "2,300만 대만
인들을 대신해 달라이 라마가 대만을 다시 방문하도록 초청한다"면서 "나는 1997년 달
라이 라마를 거의 한 시간이나 알현하는 영광을 누렸으며 그를 다시 뵙기를 진정으로

기대하고 있다"고 밝혔다. 이에 반해 당시 류젠차오 중국 외교부 대변인은 "달라이 라마 문제에 대한 중국 정부의 입장은 매우 분명하며, 일관될 뿐만 아니라 아무런 변화도 없다"면서 불쾌한 반응을 보였다. 달라이 라마는 두 차례에 걸쳐 종교 법회 여행(宗敎之旅)이란 테마로 대만을 방문했으며 그때마다 중국 정부는 대만과 달라이 라마가 분열주의를 공조한다며 맹비난했다.

119) 당시 대만 국립정치대학교 민족연구소 티베트 연구조 전담 교수였다.

120) 망명정부의 수장인 달라이 라마는 1962년 티베트 헌법의 초안[티베트 민주헌법(西藏民主憲法)]을 만들고 민주주의 원리에 따라 티베트 망명정부를 재조직하여 사원 제도를 개혁했다. 현재 망명정부 의회의 의원은 직접선거로 선출하고 내각은 이 의회 의원들이 선출한다. 달라이 라마는 여기에 그치지 않고 티베트 행정부를 민주화할 필요성을 강조했고 티베트가 독립을 쟁취하면 정치적인 권한을 가지지 않을 것이라고 선언했다. 또한 티베트 청년당의 강한 반대에도 불구하고 달라이 라마는 의회 의원의 3분의 2가 대법원과 협의하여 망명정부에 이익이 된다고 판단될 때 평의회에서 달라이 라마의 실권, 즉 활불의 권한을 수행해야 한다는 조항을 삽입했다. 林照眞,《최후의 달라이라마(最後的達賴喇嘛)》(時報出版社, 2000), 93~98쪽.

121) 《동아일보》 2006년 4월 14일자.

122) 중국 정부가 티베트를 통제하기 위해 티베트 불교의 '활불(活佛, 환생한 부처)' 제도에 대한 인준 규정을 고쳐 논란이 되고 있다. 홍콩 신보는 지난 3일 "중국 국가종교사무국은 최근 티베트 불교의 활불이 되려면 중국 중앙 정부의 승인을 얻도록 하는 내용을 골자로 한 '티베트불교활불계승관리방법'을 만들어 지난 2007년 9월 1일부터 시행에 들어갔다"고 보도했다. 이에 따르면 중국은 최근 티베트 불교의 활불 전통에 대해 중국 정부의 심사 및 비준을 거치도록 했고 달라이 라마를 포함한 주요 활불은 중국 최고 지도부가 최종적으로 확정하게끔 하는 규정을 마련했다. 또 활불이 중국의 통일 원칙을 존중하고 옹호해야 하는 의무를 가진다고 규정했다. 티베트 불교는 생사윤회 사상에 근거해 달라이 라마와 판첸 라마 등 활불의 전생을 인정해 활불이 입적한 후 다른 육체

로 영혼이 들어간 화신을 찾아 공인하는 전통이 있다. 때문에 이번 규정은 인도에서 티베트 망명정부를 이끌고 있는 제14대 달라이 라마가 후임 달라이 라마를 지정하면 이를 무력화시키기 위한 사전조치로 해석된다. 지난 1995년 달라이 라마가 당시 6세 소년인 최키니마(額爾德尼, Cuiki Nyima)를 제10대 판첸 라마의 환생이라고 지정했을 때에도 중국 정부는 이를 거부하고 또 다른 6세 소년을 제11대 판첸 라마로 임명한 바 있다. 이에 대해 티베트 망명정부는 "이번에 마련된 활불에 대한 규정은 티베트 종교문화 탄압을 강화하기 위한 것"이라고 강력히 비판했다. 미국 국제종교자유위원회도 "중국 당국의 신규정은 명백히 달라이 라마의 영향력을 억제하려는 의도를 갖고 있다"고 지적했다. 《불교신문》 2007년 9월 12일자.

123) 영국 노팅엄대 정융녠(鄭永年) 교수의 분석에 따르면 중국 공산당은 '조직화된 황제' 라고 할 수 있다. 중국에는 역사적으로 정당정치(다당정치)의 전통이 없다. 오히려 통일된 권위를 쫓는다. 이 같은 왕권 전통을 바탕으로 중국 공산당은 국가를 만들었고(以黨建國), 국가를 통치하고 있다(以黨治國). 중국 공산당은 1921년에 설립된 이후 '혁명통치(혁명당)' 와 '행정통치(행정당)' 그리고 '정치통치(정치당)' 등의 3단계 발전 과정을 거쳐 왔다. 《중앙일보》 2007년 10월 10일자.

124) 중국 공산당은 중화인민공화국을 건설한 주역이자 현재 중국을 통치하고 있는 실질적인 독재 정당이다. 1921년 7월 1일 설립됐다. 2006년 말을 기준으로 7,240만 명의 당원을 갖고 있는 세계 최대의 정당이기도 하다.

125) 중국 공산당 중앙위원회는 2006년 8월 6일 당정의 영도자 및 책임자급에 한 사람이 십년 넘게 같은 자리에 있을 수 없다는 내용을 담은 새 인사 규정을 관영 신화(新華) 통신을 통해 발표했다. 《동아일보》 2006년 8월 8일자.

126) 전인대는 중국 헌법상 최고 의사 결정 기구다. 성, 자치구, 직할시, 군 등이 선출하는 대표로 구성되며 각 소수민족의 대표도 참여한다. 임기는 5년이며 매년 3월 열린다. 일상 업무는 전국인민대표자회의 상무위원회가 처리한다. 헌법을 개정하고 법률을 제정하며 국가 주석을 선출하고 총리를 임명하는 권한을 행사한다. 매년 국가 예산을 심사하

고 비준하며 '경제 · 사회 발전 5개년 계획'도 통과시킨다.

127) 베이다이허는 베이징에서 2시간 거리의 허베이성 보하이만에 위치한 해변 휴양지다. 중국 지도부가 이곳에서 여름을 보내며 주요 정책과 핵심 인사를 결정해 '베이다이허 회의'라는 말이 생겼다. 당장(黨章)이나 법률에 규정된 회의는 아니지만 이 회의에서 토의된 사항은 곧바로 정식 회의를 거쳐 공식화되기 때문에 실제로는 매우 중요한 회의로 평가된다.

128) 《중앙일보》 2005년 11월 24일자.

129) '사상 해방'이란 특정한 사고에서 벗어나 자신이 처한 현실에 맞춰 새롭게 변화해야 한다는 의미이다.

130) 《중앙일보》 2007년 10월 8일자.

131) "中国共产党第十七次全国代表大会在京开幕", 《人民日報》 2007년 10월 16일자.

132) "在中国共产党第十七次全国代表大会上的報告", 《人民日報》 2007년 10월 15일자.

133) 《중앙일보》 2006년 3월 24일자.

134) 《중앙일보》 2007년 10월 8일자. 위커핑은 후 주석 집권 후반기(2007~2012년)의 핵심 과제로 직접선거제 확대, 법제화 강화 등을 꼽고 있다. 이에 대해 한국외대의 강준영 교수는 "중국 경제발전이 일정 단계에 도달한 만큼 그 부작용을 수습하기 위한 것이 후진타오의 과제였다"며 "이제 집권 후반기에 들어서면서 나름대로의 당내 위상을 확립하기 위해 당 · 정 분리원칙, 직접선거 확대 등 민주적 절차 확산 등으로 개혁을 서두를 것"이라고 전망했다.

135) 주요 내용으로는 1. 정치안정 우선, 2. 시장경제가 요구하는 개혁 실시, 3. 과도한 보통선거 반대, 4. 정부를 공공관리형 공공복무형으로 개조, 5. 전국인민대표회의에 더 강력한 권한 부여, 6. 사법권 독립 등이다. 요컨대 공산당 지배의 근간을 유지하는 전제 아래서 최대한 인권과 정치개혁 요구를 수요하자는 취지다. 《중앙일보》 2007년 10월 15일자 ; 《光明日報》 2007년 10월 18일자를 참조하라.

티베트 천장,
하늘로 가는 길

초판 1쇄 펴낸날 | 2008년 1월 10일

지은이 | 심혁주
펴낸이 | 김직승
펴낸곳 | 책세상

주소 | 서울시 마포구 신수동 68-7 대영빌딩
전화 | 704-1251(영업부) 3273-1333(편집부)
팩스 | 719-1258
이메일 | bkworld@bkworld.co.kr
홈페이지 | www.bkworld.co.kr
등록 1975. 5. 21 제1-517호

ISBN 978-89-7013-672-1 03900